為什麼我們甘願放棄自由？

洞悉人性弱點的極權心理學

De psychologie van totalitarisme

馬蒂亞斯・戴斯梅
Mattias Desmet ——著

洪世民——譯

導讀

極權無需暴君？當平凡的人走向盲從與壓迫

中央研究院人文社會科學研究中心
副研究員　陳嘉銘

二十世紀最具代表性的極權主義政權有兩個，一個是史達林統治下的蘇聯，另一個是希特勒的納粹德國。根據知名德裔美國哲學家漢娜・鄂蘭（Hannah Arendt）在《極權主義的起源》（*The Origins of Totalitarianism*）中的經典研究，極權主義與傳統的獨裁統治或暴政有所不同。獨裁或暴君統治仰賴從上到下的階層體制統治。這些階層需要穩定性，穩定的體制會對統治者的權力形成一定制約。但是在極權統治下，所有權力集中於領袖一人身上。極權主義透過層層重疊且競爭的政府機構，使統治結構保持流動性，確保領袖的意志隨時變動，無所不在。

另一方面，極權主義和法西斯主義也不同，法西斯菁英的主要目標是掌控國家權力，透過國家機器與軍事暴力來維持統治。相較起來，極權主義透過意識形態與恐怖機制，使人民主動認同其統治，從而在思想與行為上達成全面支配。

一言以蔽之，極權主義的特徵是：只要符合極權意識形態的邏輯，領袖的命令可以隨時變動，而「群眾」（the masses）則全心服從，毫不猶豫地犧牲個人利益，因為他們的身分與存在感完全建立在服從之上。關鍵問題是：為何「群眾」會從內心深處接受領袖（或體制）的支配，並熱切地服從？

本書作者馬蒂亞斯．戴斯梅（Mattias Desmet）在經歷新冠肺炎疫情後，認為現代社會在某些情境下展現出極權主義的特徵。疫情期間，技術官員在缺乏明確科學共識的情況下，頻繁調整與擴大防疫管制措施。儘管這些措施的效果存在爭議，人們仍然積極服從，甚至自願放棄部分權利。

戴斯梅提出了一個大膽的假設：疫情下的人群在心理機制上，可能與極權體制下的「群眾」具有相似之處。戴斯梅是一位臨床心理學教授，同時也是一名執業心理分析師。他在這本書中探討了過去極權主義研究較少涉及的「群眾心理機制」。

鄂蘭有一個著名的觀察：極權主義統治的群眾因為社會聯繫被破壞，失去了家庭、朋友與舊識，成為孤立無援的個體，彷彿一顆顆互不相連的原子。極權主義運動要求成員絕對且永恆的忠誠。這種忠誠來自於這些社會聯繫被破壞的個人，他們因孤立而更依賴極權運動提供的歸屬感與意義。

極權主義運動的核心在於意識形態，它不僅塑造了群眾的世界觀，也賦予其行動的正當性。無論是希特勒還是史達林，他們的意識形態都宣稱自己代表著歷史的必然進程，最終將涵蓋全人類。為了實現意識形態所構建的歷史使命，這些原子化個人不僅忠實扮演被規訓的角色，甚至隨時準備犧牲自己。

戴斯梅十分同意，原子化與孤立化的「群眾」是極權主義的溫床，並進一步提出獨特的「群眾形成」理論。他的解釋包含三個環節：

第一，十八世紀歐洲啟蒙運動後，古典力學奠定了機械世界觀，並逐漸成為現代社會的主流信念。機械世界觀假設，我們可以客觀且準確地測量世界的運作，並以物理定律加以解釋。它讓人們相信，我們可以透過操縱物質世界來實現理想社會。未來只要獲得完美的知識並掌握先進技術，人類將能徹底改善社會。因此，技術官僚應該以數字與科學來治理社會。

戴斯梅對機械世界觀的批評有三點。第一，機械世界觀忽略了人性與生命意義，將一切還原為基本粒子的物理運動。第二，隨著機械技術的進步，人類與自然的關係逐漸疏離，個人與社會的聯繫也日益薄弱，最終導致人類成為原子化的個體。第三，量子力學與混沌理論的發展證實了測量結果會受到觀察者的影響，顯示完全客觀的量測並非總是可能。此外，科學界中層出不窮的研究舞弊案例，也動搖了人們對可複製性與絕對客觀性的信任。

第二、從發展心理學的觀點，嬰兒從出生開始，就對母親的訊息感到極度不確定，試圖理解「我該怎麼做，才能讓媽媽關注我？」當她第一次在鏡子中透過母親的指認認出自己，她感到無比興奮，因為她確認了自己的存在與母親的渴望緊密相連。接下來，嬰兒透過語言試圖掌握規則，想知道自己必須成為怎樣的人，才能在父母眼中獲得愛與認可。然而，語言本質上的不確定性，使她的努力充滿挫折，進而陷入恐懼與不安。這時候，她可能發展出三種不同的適應方式：第一，成為自戀者；第二，透過不斷尋求更多規則，來確保自己與他者的關係；第三，接受語言的不確定性，透過詩歌重新探索世界與自我，並與他者建立一種以詩意共鳴為基礎的關係。

戴斯梅運用這一發展心理學理論來解釋疫情下的群眾心理。在機械世界觀之下，人們相信可以透過準確且客觀的語言來理解並控制疫情。然而，許多疫情研究者坦承，數據本身難以避免誤差，並且受到多種變數的影響。語言與規則的不確定性帶來恐懼與不安，使人們發展出自戀傾向，或是不斷追求更多的管制措施，以試圖解決先前管制所帶來的新問題。

第三、群眾的形成機制。這些原子化、孤立的個人，因缺乏社會聯繫而感到生命失去意義，內心充滿不安與恐懼。在疫情期間，他們透過與「敵人」奮戰、團結一致，獲得一種和社會連結的陶醉感受。無論防疫措施的合理性如何，它都發揮了一種儀式性功能，以維持群體的凝聚力。群眾的形成過程與凝視蠟燭所引發的催眠狀態相似。高度暗示性的敘事使人們的注意力僅集中於「病毒、受難者和防疫措施」，而其他重要議題，如經濟衰退、防疫措施的附加傷害、對隱私權與民主權利的侵犯、集體健康與免疫力的惡化，則被忽視或邊緣化。群眾如同陷入催眠狀態，不僅完全忽略自身利益，也無法容忍任何異見者。

在新冠肺炎疫情期間，不同意防疫措施的人們往往感到窒息，因為支持者的意見高度一致，對異議者的批評與排擠極為激烈。防疫措施確實忽視了許多未受群眾關注的傷害。戴斯梅將這些支持者群體與極權主義下的群眾加以對比。他提供了一種宏大的解釋敘事，涵蓋近代物理學、混沌理論、精神分析理論與當代科學界的爭議，同時試圖解析當代社會的諸多病態現象，使其論述頗具吸引力。

鄂蘭對原子化群眾的解釋，主要基於德國一戰後的歷史社會背景，以及史達林對社會結構的全面瓦解。因此，我們不容易將極權主義與自身的日常生活聯繫起來，因為當代社會與當年德國及蘇聯的歷史條件和社會環境有顯著差異。然而，戴斯梅對群眾的解釋不依賴歷史分析，而是轉而依據啟蒙世界觀與發展心理學。因此，他認為，即便極權體制缺乏強勢的領袖與吸引人的意識形態，極權主義的威脅仍可能存在於我們的社會之中。

即便我們不完全認同他對極權主義的類比，他所揭示的現象——疫情中的群眾願意徹底不顧私利、集體從眾、不容異己、忽略其他重要議題——確實令人憂心。

CONTENTS

引言

我要寫一本探討極權主義的書——這個想法在二〇一七年十一月四日第一次浮現。或者說是那天第一次出現在我的科學日記本裡：我在那本筆記本草草記下所有可能會對往後文章或寫書有用的東西。

當時，我人在法國阿登、一對朋友擁有的一間小木屋作客。一大清早，當旭日照亮周圍的樹林，我會打開日記，寫下前一晚冒出來的念頭。也許是自然環境的平靜安詳讓我比平常更敏感，但在那個星期一早晨，我突然極其明顯、強烈地感覺到，一種新的極權主義已經播下種子，使社會結構變得僵硬。

早在二〇一七年，這個現象就不容否認了：政府對私生活的掌控正急遽增強。我們的隱私權正受到侵蝕（特別是九一一之後）、非主流的聲音受到愈來愈嚴格的審查和壓抑（特別是氣候辯論的脈絡）、維安部隊發動侵入行動的次數大幅增加等等。

而這些事態發展的背後不只有政府而已。「覺醒」（woke）文化的迅速崛起，和日益蓬勃的氣候運動，都醞釀出要求建立新型態、超嚴格政府的呼聲——且呼聲**來自民眾本身**。恐怖分子、氣候變遷、「直男」、乃至後來的病毒，都被認為太過危險、無法以舊有方式對付了。用科技對人口進行「跟蹤及追蹤」已愈來愈為民眾接受，甚至被認為勢在必行。

德國猶太裔哲學家漢娜・鄂蘭（Hannah Arendt）[1]洞悉的反烏托邦世界已隱約出現在社會的地平線：新極權主義已然崛起，而這種極權不再以諸如史達林（Joseph Stalin）或希特勒（Adolf Hitler）等浮誇的「群眾領袖」為首，而是由愚鈍的政府官員和技術官僚領軍。

那個十一月早上，我草擬了一本書的藍圖。我打算在書中探討極權主義的心理根源。當時我想知道：二十世紀前半，極權主義為何會化為一種國家形式崛起？還有：極權國家和以往的古典獨裁政府有什麼差別？而我認識到，這個差異的本質在心理學範疇內。

獨裁政府是以一種原始心理機制為基礎，也就是運用獨裁政體的嚴酷潛能，在人民之間營造恐懼的氛圍。反觀極權主義則根源於「集體重塑」（mass formation）這種隱伏的心理過程。唯有徹底分析這個過程，我們才能了解「極權化」的人口會有哪些驚人的行為，包括個人過分願意為了集體（即群眾）的團結犧牲個人利益、極度不容忍不一樣的聲音，以及明顯容易受到偽科學的思想灌輸和政治宣傳影響。

集體重塑基本上是一種群體催眠，會破壞個人的道德自我意識，剝奪個人批判性思考的能力。這個過程本質是隱伏的，民眾會在毫無戒心下淪入魔掌。套用哈拉瑞（Yuval Noah Harari）[2]的說法：多數人甚至不會注意到政府正轉向極權。我們通常把極權主義和勞改營、集中營和滅絕營連在一起，但

1 譯註：一九〇六～一九七五，政治哲學家、納粹大屠殺倖存者，以探討權力和邪惡的本質和極權主義著稱，最重要的著作為《極權主義的起源》（*The Origins of Totalitarianism*）和《平凡的邪惡》（*Eichmann in Jerusalem: A Report on the Banality of Evil*）等。

2 譯註：一九七六年生，以色列歷史學家，著有《人類大歷史》（*Sapiens: A Brief History of Humankind*）。

這些只是一個漫長過程令人眼花撩亂的最後階段罷了。

▼

在我第一次寫下那些筆記後，有愈來愈多和極權主義有關的東西出現在我的日記本裡。它們紡成愈來愈長的線，有條不紊地連結我關注的其他學術領域。例如極權主義的心理問題涉及科學世界在二〇〇五年爆發的一場危機，而我的博士論文就廣泛探究了這個主題。當年，草率、謬誤、偏頗的結論，乃至公然造假，在科學研究方面變得如此普遍，使比例高得驚人的研究報告，做出錯得離譜的結論——某些領域甚至高達85%。其中，從心理學的角度來看，最引人入勝的莫過於：大多數研究員完全相信他們的研究或多或少正確。不知怎地，他們就是不明白，他們的研究不但沒有使他們更接近事實，還創造出虛構的新現實。

這當然是個嚴重的問題，尤其當代社會可是將科學信仰列為理解世界最可靠的方式呢。另外，前述問題也與極權主義的現象直接相關。事實上，這正是漢娜．鄂蘭揭露的：極權主義的暗流，是由盲目相信一種統計數值的「科幻」、「極度輕蔑事實」的信仰構成：「極權統治的理想臣民不是忠貞的納粹或忠貞的共產黨人，而是心中不再有事實與虛構之分，不再有真偽之別的民眾。」

科學研究品質不良暴露出一個更根本的問題：我們的科學世界觀有重大缺陷，而這些缺陷的惡果，遠遠延伸到學術研究領域以外。這些缺陷也是深刻集體不安的起因，而最近數十年，集體不安在我們的社會愈來愈顯而易見。今天，民眾對未來的看法已沾染悲觀、缺乏遠見，且一日勝過一日。就算文明沒有被升高的海平面沖走，也一定會被難民橫掃一空。委婉地說，社會的「宏大敘事」（Grand Narrative）——啟蒙的故事，已不再走向昔日的樂觀進取。大多數人口已受困幾近完成的社會孤立之中；我們看到因精神受苦而缺勤缺課的人顯著增加；精神藥物的用量迭創新高；宛如流行病的倦怠癱瘓了公司行號與政府機構。

二〇一九年，這種困境在我自己的專業環境更是昭然若揭。我見到身邊好多同事因心理問題離開工作，因為病情使他們連基本日常運作都無法進行。例如那一年，我需要有人簽署某份合約，才能啟動一項研究計畫，結果花了將近九個月才拿到簽名。負責審核和批准合約的大學部門面臨嚴重缺勤問題：永遠有人因心理疾患請病假，結果合約就是無法敲定。那段期間，所有社會壓力指標都急遽上升。熟悉系統理論的人都明白這句話的涵義：系統正走向臨界點。它已來到自我重整、尋求新平衡的邊緣。

二〇一九年十二月底，在前面提過的同一間阿登小屋裡，我斗膽向一群朋友提出一個小小的預言：近期某一天，我們一覺醒來，就會置身不同的社會。這個預感甚至慫恿我採取行動。幾天後，我去銀行還清了我的房屋貸款。這是否為明智之舉，取決於你的觀點。或許從純經濟或稅務觀點來看並不明智，但我不在意那些。於我最重要的是，我想要奪回我的自主權；我不想有欠債和與金融系統通同一氣的感覺。在我看來，社會之所以將走入那條死胡同，金融系統也扮演重要角色。銀行經理聽我說了故事；他甚至認同我的看法。但他堅持要知道，我為什麼如此毅然決然。我們聊了一個半小時，仍不足以填補他的問題裡的空洞。最後，眼看已經超過打烊時間很久，我便離開，留下他繼續納悶，而他的分行，不久後將永遠關閉。

▼

幾個月後，即二〇二〇年二月，地球村的地基開始動搖。世界面臨一個不祥的危機，而且後果無法預料。短短幾星期，人人都被一種病毒的故事掌控了。毫無疑問，那個故事是以事實為基礎。可是，是誰的事實呢？我們首先是透過中國的鏡頭瞥見「事實」。一種病毒迫使中國政府採取最嚴苛的措施。全城隔離、火速搭建新醫院、白衣人士消毒公共場所。流言四起：中國極權政府反應過度，新的病毒只是流感罷了。相反的意見也到處流竄：這一定比表面看來嚴重許多，否則不會有哪個政府採取如此激進的措施。在那一刻，一切感覺還離我們好遠，而我們認為光看故事，尚不能判斷事實的全貌。

直到病毒抵達歐洲。這會兒我們也開始記錄感染和死亡人數了。我們見到義大利急診室擠破頭、軍車車隊載運屍體、停柩室塞滿棺材的畫面。倫敦帝國學院信心 滿滿地預測，若不採取最嚴厲的措施，病毒將奪走數千萬條人命。在義大利貝爾加莫，警笛日日夜夜響徹雲霄，令任何膽敢在公共場所懷疑事實的人啞然失聲。從那時起，故事和事實似乎合而為一，不確定讓位給確定了。

無法想像的事情成了現實：我們目睹幾乎全球各國都突然轉向，效法中國，將廣大人口軟禁在家，還為此情況發明「封城」（lockdown）一詞。超現實的寂靜降臨——既是惡兆，同時又是解放。天空不見飛機，交通動脈不再有澎湃的血液；追求虛無渴望的塵埃落定，在印度，空氣變得純淨到三十年來第一次，在某些地方，喜馬拉雅山再次巍峨浮現於地平線。

事情並未在此結束，我們也見到明顯的權力轉移。病毒專家像喬治．歐威爾（George Orwell）[3]的豬（農莊裡最聰明的動物）一樣應運而起，取代靠不住的政治人物。在瘟疫時期，他們將以正確的（「科學」）資訊治理動物農莊。但事實很快證明，這些專家也有不少普遍的人類缺點。在他們的統計數字和圖表上，他們犯了就連「一般」人也不會輕易犯下的錯。他們竟然一度將所有死亡都算作冠狀病毒死亡，包括死於心臟病發的人等等。

他們也沒有實踐諾言。那些專家信誓旦旦，只要注射兩劑疫苗，自由之門就會重新開啟，但當那一刻來臨，事情不但沒有改變，他們還提出第三劑的要求。就像歐威爾的豬，他們有時連夜偷偷改變規則。一開始，動物必須遵守若干措施，因為患病人數不能超過醫療系統所能負荷（拉平曲線〔flatten the curve〕）。但某天大家一覺醒來，卻發現牆上寫著那些措施將擴大實施，因為必須根絕病毒（壓垮曲線〔crush the curve〕）。朝令夕改，似乎只有豬才明白——恐怕連這也不是那麼確定。

有些人開始起疑。這些專家怎麼可能犯下連凡人都不會犯的錯？他們不

3 譯註：一九〇三～一九五〇，英國左翼作家，作品以反對極權主義和支持民主社會主義著稱，尤以《動物農莊》（*Animal Farm*）和《一九八四》最為重要。

是科學家嗎？帶領我們上月球、給我們網際網路的那些人嗎？他們不可能那麼笨吧，對不對？何時才能步入最後階段？他們的建議一直帶領我們往同一個方向走：每踏出新的一步，我們就失去更多自由，直到抵達這個目的地：在一場廣大的技術官僚醫學實驗中，人類被簡化為QR Code（行動條碼）。

那就是多數人最終變得確定的過程，非常確信。但他們深信不疑的卻是完全相反的事。有人相信我們面對的是殺手病毒，也有人相信那不過是季節流感，還有人相信病毒根本不存在，我們面對的是一場全球性的陰謀。不過也有些人繼續容忍不確定，繼續問自己：我們如何才能充分理解，我們的社會究竟發生了什麼事？

▼

新冠危機並非天外飛來。那符合一系列對於各種恐懼對象愈來愈束手無策、自暴自棄的社會反應——恐怖分子、全球暖化、冠狀病毒。每當有新的恐懼對象在社會出現，依我們目前的思維模式，就只有一種反應，一種防禦：加強管控。人只能容忍管控到某種程度的事實，完全遭到忽略。強制管控引發恐懼，恐懼又招致更強硬的管控。就這樣，社會落入一種惡性循環，無可避免地走向極權。極權意味極端的政府管控，最後導致人類的身心完整性遭到徹底破壞。

我們必須把當前的恐懼和心理不適本身視為一種問題來思考，不能把它化約為一種病毒或其他任何「威脅的對象」。我們的恐懼源自於一種截然不同的層次——源自於我們社會宏大敘事的失敗。那是機械科學的敘事，也就是將人簡化為生物有機體的敘事。這種敘事忽略了人類的心理、象徵和倫理層面，因此對人際關係的層次產生毀滅性影響。在這種敘事中的某個要素使人和其人類同伴變得疏離，也與自然隔絕；那某個要素使人不再與他周遭的世界共鳴，而將人化為一種原子化的主體。根據鄂蘭的說法，這種原子化的主體，就是極權國家的基礎砌塊。

極權主義不是歷史的巧合。歸根結柢，那是機械性思考和妄信人類理性無所不能的邏輯結果。由此看來，極權主義可說是啟蒙傳統的定義性特徵。好幾位作者皆作此假設，不過這尚未經過心理分析。這本書將填補這個缺憾。我們將分析極權主義的症狀，將它置於更廣大的社會現象脈絡之中。

第一部分（第一章到第五章）將探討機械論—唯物主義的人類觀和世界觀是如何營造出有利於集體重塑與極權主義成長的社會心理狀況。第二部分（六到八章）詳盡介紹集體重塑的過程，以及它和極權主義的關係。最後，第三部分（九到十一章）探究一條能超越人類及世界現況、使極權主義變得多餘的途徑。事實上，這本書的第一及第三部分僅稍微提到極權主義。我寫這本書並非為了聚焦那些常被認為和極權主義關係密切的事物——集中營、思想灌輸、政治宣傳，而是著眼於更廣大的，極權主義興起的文化歷史過程。這麼一來，我們才能把焦點擺在最重要的一點：極權主義是從我們日常生活的各種演進和趨勢之中逐漸形成的。

最後，這本書探究了尋找出路的可能性：如何走出目前似乎困住我們的文化僵局。在二十一世紀初期逐步加劇的社會危機，彰顯了一場潛伏的心理及意識形態動盪——世界觀所在的地殼板塊發生變動。我們正經歷一種舊意識形態迴光返照的時刻，那將最後一次躍起掌權，而後垮台。每一次嘗試以那種舊意識形態為基礎來補救現有社會問題，不管是什麼問題，都只會讓事情更糟。我們無法用釀成問題的心態來解決問題。要化解我們的恐懼和不確定，辦法絕對不是增加（技術）管控。做為個人和社會，我們真正面對的任務是建構新的人類觀和世界觀、找出身分認同的新基礎、設想和他人共同生活的新原則，並重新評價一種適時的人類才能——說真話。

PART

1

科學與它的心理效應

CHAPTER 1

科學與意識形態

那天是一五八二年的夏日。名叫伽利略・伽利萊（Galileo Galilei）[4]的年輕學生坐在比薩主教座堂裡。他前面站著一位神父，正在朗誦《聖經》。神父頭頂，一盞吊燈用一條細鏈固定在拱形天花板上。和煦的夏日微風拂進敞開的門，使吊燈晃了起來。有時微風會讓燈擺得很遠，遠離祭壇上方的定位，有時則只讓它稍微動一下。神父的聲音消失在背景裡。伽利略的眼睛跟著吊燈移動——前前後後，來來回回。他算了脈搏，也數了心跳。不管晃了多遠，擺錘回到起點的時間永遠一樣。

後來，這些在比薩主教座堂發生的事情，如神話一般放大，體現了貫穿未來數個世紀的文化及社會動盪。宗教論述，以及它出自古代文本的教義系統，失去了權威。知識不再是必須透過神來向人揭露的事情，而成了人可以靠自己獲得的東西。他只需要用眼睛觀察現象、做合乎邏輯的思考就可以了。

宗教論述已讓人凝視內心數千年，圍繞著人是罪者的概念打轉：人會撒謊、會欺騙、會在世俗誘惑中迷失自我；人必須做好死亡的準備，因為死亡遲早會追上他。如果人在這個神所創造的世界中受苦，那是因為他未符合倫理道德的標準，因為他活在罪惡之中。必須質疑的不是這個世界，而是人類自己。

一切隨著科學崛起而改變：人開始相信，運用理性的力量，他可以調整這個世界而自己維持不變。他積蓄了勇氣，掌控自己的命運：他要用他自己的智識力量來理解這個世界，塑造理性的新社會。之前，他一直被迫以沒人見過的上帝之名保持靜默，太久太久了；社會也一直背負著缺乏任何理性基礎的教義，太久太久了。用理性的光明驅除黑暗的時候到了。「啟蒙是人脫

4 譯註：一五六四～一六四二，義大利物理學家、數學家、天文學家及哲學家，近代實驗科學的先驅。他在天文、力學實驗及理論上，都有重要貢獻。

離他自己招致的監護。監護指人欠缺他人指導，就無法運用自身理解力的狀態……因此『勇於思考！鼓起勇氣運用你自己的理性！』就是啟蒙運動的格言，」一七八四年，偉大的德國啟蒙哲學家康德（Immanuel Kant）這麼說。

伽利略勇於思考。彌撒後，他衝回宿舍，開始進行鐘擺實驗：他改變擺動物體的重量、施予該物體擺動的力量、懸吊物體的線長等等。不到幾個月，他就想出鐘擺運動的基本法則：唯有線長（擺臂的長度）會對擺動的持續時間造成影響。

其他傑出的思想家，例如哥白尼（Nicolaus Copernicus）和牛頓（Isaac Newton），也捨棄了蒙蔽他們的教義，以開放的心胸記錄周遭的世界。他們證明，現實的若干層面可以用數學和機械公式表現，且正確、精確得難以置信。這件事看似不容爭辯：宇宙之書是用數學語言寫成的。

這些思想家不僅獲致偉大的智識成就，對於這個世界及世界的物質客體（material object），更採取一種獨特的人道及倫理態度。他們勇於無視當時盛行的偏見和教義。他們承認自己無知，對於各種現象的意義感到好奇、願意虛心接受。這種「無知」催生出新的知識，而為了追求這種新知，他們什麼都願意做；甘願放棄自由，甚至不惜犧牲生命。

這種新生的科學，甫萌芽的知識——展現了法國哲學家米歇爾·傅柯（Michel Foucault）[5]所謂「說真話」（truth-telling）的所有特徵。說真話是一種突破既定社會共識（包括隱含的）的說話方式。說真話的人會撬開凝聚眾人、讓群體能在其中尋求庇護、舒適與安全的故事。這使說真話變成一種危險的舉動。說真話會讓群體心生恐懼、引發憤怒和侵略性。

說真話很危險。卻也有其必要。不論一項社會共識在特定時間的功效有多卓著，如果它沒有及時解體與更新，就會腐爛化膿，最後使社會透不過氣。在這些時候，真話會化為誠摯的聲音衝破既定故事的千篇一律，為古老、永恆的語言增添新聲。「真話永遠是新的」（馬克斯·雅各〔Max Jacob〕[6]）。

5 譯註：一九二六～一九八四，法國哲學家、思想史學家、社會理論家、語言學家、文學評論家等。
6 譯註：一八七六～一九四四，法國詩人、畫家、作家和評論家。

本質上，科學可以定義為心胸開闊。最早的科學實務，也就是構成啟蒙運動基礎的實務，可暫時中止對於所觀察事物的偏見。那開放給形形色色的構想、見解、猜想和假設。它孕育出懷疑，認為不確定是種優點。它讓事實自己說話，自己決定喜歡與哪一種想法或理論結合。就這樣，事實重生為新鮮、初萌的真話。

現在，不只是事實有自我維護的自由。「我可能不同意你的說法，但是我誓死捍衛你說話的權利，」伏爾泰（Voltaire）這麼宣稱（或者該說是他的傳記作者伊芙琳．碧翠絲．霍爾〔Evelyn Beatrice Hall〕這麼宣稱）。科學也將人類從他自己招致的不成熟解放出來。它打破了宗教教義的規矩，在公共領域，宗教教義已大半腐爛成強制與壓迫、矯飾與虛偽、欺騙與謊言。

這種開放的心胸孕育出豐碩的果實。科學方法開始被拿來理解和預測天體運行、描述鐘擺和計算重力加速度，還拿來研究動物行為、了解心智運作、繪製語言結構、比較文化異同。那可靈活調整來適應每一個調查範疇、每一個研究對象，也在每一個領域造就傑出的發現。在科學光輝的照映下，形狀和色彩都描繪得更鮮明，聲音也比以往耳朵聽過的更清晰。

這種開放的心胸，這種不計代價對理性忠實的追求，在努力不懈數百年後，最終產生了一些最崇高的洞見。也是出人意表的洞見。二十世紀前半的偉大物理學家以最嚴謹的方式證明，物質的核心不能脫離觀察的主體。他們證實，對物質客體的觀察會改變物體本身（「事物會因你的觀看而改變」，歐文·薛丁格〔Erwin Schrödinger〕[7]聲稱）。

另外，他們放棄了人可能達成確定的幻想。維爾納·海森堡（Werner Heisenberg）[8]憑藉其「不確定性原理」（uncertainty principle）證明，就連單純的物質「事實」，例如物質粒子在時間、空間中的位置，我們也不可能毫無疑義地確定。那些最嚴格遵循理性和事實的偉大思想家做出這個結論：歸根結柢，事物的本質超越邏輯，非人所能領會。尼爾斯·波耳（Niels

7 譯註：一八八七～一九六一，奧地利理論物理學家，量子力學奠基者之一。

8 譯註：一九〇一～一九七六，德國物理學家，量子力學創始人之一，因「創立量子力學及相關發現」贏得一九三二年度的諾貝爾物理學獎。

Bohr）[9]斷言，唯有詩才可能描述基本粒子的荒謬行為：「述及原子，唯詩的語言可用。」

另外，物質世界可以預測的概念——十八世紀時法國科學家皮耶—西蒙・拉普拉斯（Pierre-Simon Laplace）[10]如此狂熱地宣稱，也被二十世紀美國數學家和氣象學家愛德華・羅倫茲（Edward Lorenz）[11]證明為非。就算你能夠用數學公式記錄某種複雜的動態現象（包括多數自然現象），就算公式在手，你也無法提前一秒預測下一秒的變化。

最後，宇宙是一種死板、無方向性（無目的性）機械過程的形象，也經科學方法證明為站不住腳。混沌理論（chaos theory）以極具革命性的方式顯示，物質會不斷以不可能用機械術語解釋的方法自我建構。宇宙天生具有方向和意志。我們將在本書最後一部分更詳盡地探究這點。

牛頓在十七世紀就說過，力學定律只適用於非常有限的現實。隨著科學發展，這個「只」變得更加明確——至少對於有眼能視的人是如此。在二十世紀，偉大的數學家勒內・托姆（Rene Thom）[12]這麼說：「可用法則描述、允許計算的現實，比例極為有限。」更重要的是，他繼續說：「在我看來，所有重大的理論發展，都是因為其創造者具有『進入事物表象』的能力，能夠對外在世界所有實體心領神會。就是這種一體感將客觀現象轉變成具體的思想實驗。」

這意外凸顯了科學的本質。多數人認定科學就是在「客觀」可觀察的事實之間建立正經不帶情感的邏輯連結。然而事實上，科學具有「同理」（empathy，或稱「共感」）的特徵，也就是觀察者和他探究的現象間，產生

9 譯註：一八八五～一九六二，丹麥物理學家，一九二二年因原子結構及原子輻射研究榮獲諾貝爾物理學獎。

10 譯註：一七四九～一八二七，法國著名天文學家及數學家，率先從數學及力學角度提出有關太陽系形成與演化的科學理論：星雲說，亦推測到黑洞存在與重力崩塌的概念。

11 譯註：一九一七～二〇〇八，美國數學與氣象學家，依其數學模型得到「天氣不停變動，無法正確預測」的結論，也提出世人所謂的「蝴蝶效應」：「一隻蝴蝶在巴西輕拍翅膀，可以導致一個月後德州的一場龍捲風。」

12 譯註：一九二三～二〇〇二，法國數學家，突變論的創始人，著有《結構穩定性與形態發生學》（*Stabilité structurelle et morphogenèse*）。

一種共鳴的密切關係。因此，科學偶然撞見一種不可知和神秘的本質：那並非邏輯能夠解釋，唯有用詩和隱喻的語言才能描述。

邂逅那種本質常導致我們所謂的「開創性的宗教體驗」（seminal religious experience）——高於宗教機構或教義、未受其玷污的宗教體驗。馬克斯・普朗克（Max Planck）[13]以或許最直接也最脆弱的方式，為那種經驗作證：科學最後抵達宗教開始的地方：個人接觸到「難以名狀」（亦請參見第十一章）。

基於這樣的經驗，二十世紀的物理學家重新評價了偉大的宗教和神秘主義著作，例如《奧義書》（*Upanishads*）[14]。那些文本的內容及架構，意象與象徵，比任何邏輯、理性的論述更貼近現實。科學讓自己脫離所有宗教論述的教義，結果卻在漫長的旅途盡頭重拾神秘主義的宗教文本，重新賦予它們原有的輝煌地位：象徵、隱喻的文本，描述人類心智永遠無法探知的事物。

正如我們將在本書後半討論的，對理性的忠實追求已獲致這個最高、最崇高的成就：劃出理性自己的界限。人類心智已接受自己的局限，再一次認為終極知識位於心智之外。科學的最終成就是它終於投降，終於明白它不可能做為人類的指導原則。位於物質核心的不是人的理性，而是人：做出倫理道德選擇的個人、人與人類同胞的關係、人與那些在事物核心跟他說話的「難以名狀」之間的關係。

▼

然而，從一開始，科學之樹也往另一個方向長出一枝——與最初的科學實務截然相反的方向。基於科學的偉大成就，有些人反而從心胸開闊往信仰傾斜；對他們來說，科學成了意識形態。最令我們著迷的主要是機械—唯物論這根樹枝，即所謂的「硬科學」。原理簡單（力學定律）、對象明確（可

13 譯註：一八五八～一九四七，德國物理學家，量子力學的創始人。以發現能量量子獲得一九一八年諾貝爾物理學獎。

14 譯註：古印度一類哲學文獻的總稱，由《吠陀經》發展而來，討論哲學、冥想及世界的本質。

觸知、看得見的世界）、在實際應用上令人嘆為觀止（從蒸汽機到電視，從原子彈到網際網路），這種科學擁有誘惑人類的一切特質。這條科學分支帶領人類征服太空；讓我們得以看見聽見在地球另一端發生的事，也看得到腦部活動；使我們能夠移動得比聲音更快，也能夠進行顯微手術。以往，人枯等上帝創造奇蹟，但這種科學讓奇蹟真的發生。人離開了「相信」的舞台，現在可以順利仰賴他知道的事情。起碼他是這樣相信的。

從啟蒙運動以降，機械思維便述說了西方文明的宏大敘事。根據那篇故事，西方文明始於「大霹靂」（big bang）[15]啟動不斷擴張的宇宙，產生一連串愈來愈複雜的現象。氫率先形成，接著是氦，再接著是所有其他致使融合與爆炸過程交替的元素。那些元素聚在一起形成恆星與行星，而其中一顆：地球，含有水。水讓胺基酸得以形成，而胺基酸常被視為第一個生命形式。從這裡開始，在物競天擇的支配下，簡單的生命形式逐漸為較複雜的形式取代，直到，很久很久以後，人類終於出現——演化的暫時終點。就這樣，科學論述編織出它自己的創世神話。

從這個觀點來看，人類的主體性全都成了機械過程無足輕重的副產品。

人或許不明白，但他的人性其實並不重要，並非不可或缺。他的存在，他的渴望和他的慾望，他的多情悲嘆和他最膚淺的需求，他的喜樂與哀愁，他的懷疑與選擇，他的憤怒和無理，他的愉悅和受苦，他最深的厭惡和最高尚的美學鑑賞，簡言之，他的存在的一切戲劇性，歸根結柢，都可還原成依照力學定律交互作用的基本粒子。

這就是機械唯物論的信條。

「不管誰懷疑這個信條，都是自願宣告自己愚蠢或精神失常。」我們仍被允許懷疑，但只能懷疑「正確」的事情。就這樣，科學之樹迅速冒出一條成長方向與初芽相反的樹枝。從誕生之際，科學就是心胸開闊的同義詞，是

15 譯註：亦稱「大爆炸」，為描述宇宙起源與演化的模型，得到當今科學研究最廣泛明確的支持。

一種放逐教義、質疑信仰的思考方式。結果，經過演化，它也把自己變成意識形態、信仰和偏見了。

因此，一如所有意識形態，科學經歷了一場轉變。起初，它是一種少數反抗多數的論述；然後它自己成了多數人的論述。在這場轉變的過程中，科學論述逐步走向背離初衷的目標。它容許群眾操控，允許人藉之發展職涯（「不發表就死亡」[16]）、推銷商品（「研究顯示我們的皂洗得最潔白」）、散播欺騙（「我只相信我自己捏造的統計數據」——邱吉爾）、輕視污衊他人（「相信另類醫學的都是不理性的蠢蛋」），甚至將隔離和排斥合理化（除非你身上有科學意識形態的印記——戴口罩、疫苗護照，否則就不准進入公共場所）。簡單地說，科學論述，一如其他所有主流強勢論述，已變成機會主義、謊言、欺騙、操控和權力的特權工具。

隨著科學論述成了意識形態，它也失去說真話的優點。最能證明這件事的莫過於二〇〇五年學術界爆發的「再現危機」（replication crisis）。危機在一連串嚴重的科學欺騙案例浮出檯面後引爆。許多科學掃描和影像證實被動過手腳、考古文物被發現為偽造、胚胎複製也是造假；有些研究人員聲稱成功移植老鼠的皮膚，其實只是把實驗動物的皮膚染色，根本沒有進行任何外科手術。其他研究員用人類和猿猴的頭骨碎片製造過渡時期的猿人，尤有甚者，沒錯，有些研究看來從頭到尾都是編造的。

不過，這種徹徹底底的騙局相對少見，其實也不是最大的問題。最大的問題在於沒那麼戲劇性的「有問題的研究行為」案例，那已像流行病一般蔓

16 譯註：「publish or perish」，指研究型大學教師必須一直發表學術論文，才能延續學術生涯的壓力狀態。

延開來。丹尼爾・法奈里（Daniele Fanelli）在二〇〇九年進行過一項系統性調查，結果發現至少有72%的研究人員願意以某種方式扭曲研究成果。除此之外，研究也充斥著無心的計算錯誤和其他失誤。《自然》（*Nature*）期刊有篇文章稱此為「失誤的悲劇。」

上述種種皆轉化為科學發現再現性的問題。簡單地說，這意味科學實驗的結果並不牢靠。多組研究人員進行同樣的實驗，會得到不同的結果。例如，經濟學研究約有五成比率再現失敗，癌症研究約有六成比率再現失敗，生物醫學研究再現失敗的比例更是不低於八成五。研究的品質惡劣到全球知名統計學家約翰・約安尼迪斯（John Ioannidis）發表一篇文章，標題直率地下了〈為什麼多數已發表的研究成果都是假的〉（Why Most Published Research Findings Are False）。諷刺的是，評估學術研究品質的研究本身，也得出殊異的結論。這或許是這個問題有多根本的最佳證據。

近數十年來，學術界嘗試透過多種創舉來改善研究品質。他們質疑研究人員發表論文的壓力過重、呼籲研究人員讓其資料可公開查詢、推動財務利益透明化等等。整體而言，這些措施似乎成效不彰。二〇二一年，有50%接受意見調查的學者不具名承認，他們有時會以偏頗的方式來呈現研究發現。這是半數已經是問題，但根據法奈里的說法，那幾乎可以確定嚴重低估了。因為有相當比例的研究員，就算是做匿名調查，也不會承認自己的研究實務靠不住。改善科學研究品質的措施就算立意良善，也沒辦法解決問題。

「再現危機」不單指學術研究欠缺嚴謹。最重要的是，它表明了一場關於認識與知識（epistemological）的重大危機——科學進行方式的危機。我們對客觀性的解釋錯了，過度仰賴「數字是認識事實的優先途徑」的概念。仔細觀察再現性結果最差的科學領域，很明顯地，現象**能否測量**，扮演著舉足輕重的角色。例如物理化學的情況沒有那麼糟。但心理學和醫學就可憐了。在這些領域，研究人員要評估極為複雜的動態現象——人類的生理和心理機能。這樣的「客體」基本上能夠測量的程度非常有限，因為它們不能化約為一維（一度空間）的特徵（見第四章）。然而，我們太常看到有人拚命嘗試將它們塑造為數據資料。

在醫學和心理學界，測量經常以產生數字分數的試驗為基礎。這些數字給人客觀的印象；然而，這需要稍微衡量一下。所謂「跨方法一致性」（cross-method agreement）的研究從一個既簡單又有趣的問題開始：如果你用不同測量方法測量同樣的「物體」，結果吻合的程度有多高？如果每一種測量方法都正確，照說結果應該一模一樣。然而情況往往不是如此。甚至連接近都談不上。例如在心理學，運用不同測量方法得到的結果，相關性很少超過〇．四五。這當然是個抽象的數字，而這就是我喜歡在大學課堂上舉個具體例子的原因。想像你要蓋一間房屋，而一名木匠過來幫你量八扇窗子。他每一扇窗都用三種工具測量：摺尺、捲尺、雷射測距儀。如果木匠的測量法跟心理學家一樣不適當，他會產生下面這樣的結果（見表1.1）。

木匠用摺尺量出第一扇窗有一八〇公分寬；若用捲尺，同一扇窗是一三〇公分寬；而用雷射測距儀是六〇公分寬。第二扇窗的情況雷同：摺尺顯示第二扇窗有一百公分寬，捲尺顯示有兩百公分寬，雷射測距儀則顯示一五〇公分寬。綜合各組結果來看，這三種測量法的相關性是〇．四五。

	摺尺（公分）	捲尺（公分）	雷射測距儀（公分）
第一扇窗	180	130	60
第二扇窗	100	200	150
第三扇窗	160	220	130
第四扇窗	100	170	210
第五扇窗	30	100	20
第六扇窗	120	80	160
第七扇窗	110	150	60
第八扇窗	30	90	10

表 1.1 ｜木匠的測量與心理學家的精確度

你會聘用這位木匠嗎？

當心理學家使用三種不同測量工具，這可是你能預期最好的結果了。這不代表所有心理學的測量法都毫無意義，只是，認定它們「客觀」的想法，需要仔細衡量一番。

還是年輕研究員時，我打算著手處理這個測量問題，以為只有心理學領域深受這個問題困擾。後來我才發現它同樣適用於醫學（以及其他許多科學領域，我們將在第四章看到）。這點可能令你意外：平均而言，醫學的試驗和測量工具不比心理學優秀。請參閱葛瑞格里．梅爾（Gregory Meyer）和同事所做的深入調查研究。

新冠病毒危機期間，大眾或許第一次意識到醫學測量法的相對性，因為我們親眼目睹PCR檢測顯然有問題。事實很快變得明朗：檢測可以用不同方式執行，而產生相差懸殊的結果，而那些結果又可以用不同的方法詮釋，以此類推。歌德（Johann Goethe）[17]曾說：「測量事物是粗魯之舉，若施用於生命體，必定極度不完美。」硬是試圖測量不可測量的事物，測量就會變成一種偽客觀的形式。這種測量過程不但不會引領研究員更接近他的研究對象，反而愈帶愈遠。那會把他欲細查的客體藏到數字的簾幕後面去。

正確度偏低的試驗和資料蒐集法不僅本身有問題；他們也阻止研究員嘗試改以或許看來沒那麼精密，但往往更適當的方式來了解他的客體，比如就用言詞表達。這是醫學和心理學等領域真正戲劇性之處：他們放棄了古典派的研究，例如由經驗豐富的臨床醫師進行徹底的個案研究，而以或許看似科學但通常不然的研究取而代之。要描述研究對象，測量資料或許是看似較精密而客觀的方式，但它傳達的意義往往不如精湛的言語描述。這某種程度也導致在這場科學危機中浮出水面的其他問題：我們先前討論過的無所不在的謬誤、馬虎、偏頗的結論。任何試圖把不可測量者壓榨成數字的人，都會感覺自己的研究沒什麼真正的價值、沒什麼動力，也缺少交出精確成果的責任感。

科學研究品質不良會造成一些急迫的問題，包括有關匿名同儕審查系統（blind peer review system）的問題——所有科學期刊都會使用，且被認為是科學正當性的終極認證。同儕審查規定，研究必須由同領域兩、三位獨立專家審閱和給予批判性評價才能發表。這些專家應該要「盲」（不知道研究是誰進行的），但事實上，他們通常知道作者是誰，因為他們很清楚還有哪些研究員在自己的領域工作。因此，他們通常猜得到研究是誰進行的。正因如此，一位專家要做出公正的評估，除了必須願意且能夠騰出足夠的時間和心

17 譯註：一七四九～一八三二，德國戲劇家、詩人、自然科學家、文藝理論家等等，以歌劇《浮士德》（*Faust*）最為人熟知。

力——這在當前學術氣氛中絕非既定條件，還要有辦法鑑定出他個人對於該研究及作者抱持的偏見，並拋諸腦後。換句話說：同儕審查的好壞取決於專家的倫理道德特質——也就是他的主觀人性特質。

▼

就這樣，這一章回到了原點。大科學（保持心胸開闊、追求理性的科學）和小科學（退化成意識形態的科學）最終又與它們最初推到視線以外的事物重逢：人這種主觀、講倫理的生物。第一種科學以肯定的方式這麼做，承認那個面向的重要性，將之錨定於它的理論中。它以勇敢、年輕科學的姿態起步，向外觀察物質世界，記錄現象、建立現象與現象之間的邏輯關聯。它假設這就是通往至高知識的途徑，而且在某種程度上是正確的。在大科學中，人類，就其精神、象徵、倫理、道德層面而言，隱沒入背景之中。不過這種情況維持不久。它後來發現，觀察者的主觀特質會對他觀察的客體產生實質影響。那些洞見所依據的理論，例如量子力學和複雜動態系統理論，都必須在人類已創造的偉大成就中考量。（我們將在第三部分探究這點。）

至於另一種已退化成意識形態、信仰和教義的科學——小科學，它也證實人類的主觀面向是中心焦點。然而，在小科學的例子，科學是以否定的方式證實：用它的失敗來證明。它逐漸無視主觀經驗的印記，最終認為它只是大腦物質、生化過程無足輕重、半真半假的副產品之類的東西。但這無法讓主觀面向停止存在。它仍會擴散、仍會占據怪異的比例，化為洪流一般的謬誤、馬虎、有問題的研究行為和公然詐欺顯露出來。最終，人類的主觀性也奪回它在小科學的王座。

如我們將在第三章詳盡討論的，最驚人的一件事情是整體而言，研究人員本身並未察覺他們的方法論出了什麼問題。他們普遍把科幻當成現實，混淆數字與事實，不知數字只是事實失真的回音。廣大人口也發生同樣的情況，盲目地相信這種科學意識形態——因為宗教已式微，意識形態沒有其他藏身處了。許多人見到某位權威人士在大眾媒體呈現的數字和圖表，就認定那是既存現實。這就是漢娜．鄂蘭認為，最適合孕育極權國家理想臣民的溫床：不再明白（偽）科幻與現實差異的臣民。以往，從來沒有像二十一世紀之初有這麼多這樣的人民；以往，也從來沒有出現過如此容易受極權主義操弄的社會條件。

CHAPTER 2

科學與其實際應用

科學不只造就知識和智識發展，也會透過其實際應用對現實世界構成影響。機械科學在這方面尤其野心勃勃。它想要讓世界適應人，讓生活變得輕鬆舒適，最終消弭痛苦，甚至消滅死亡。

某種程度上，科學已經實現了這些企圖心。伽利略的發現讓克里斯蒂安．惠更斯（Christiaan Huyghens）[18]得以在十五年後打造出一部測量時間的機械裝置：擺鐘。在那之前，人主要仰賴自然循環來測量時間；現在，人可以藉由改變鐘擺的長度來創造任何時間長度的人造週期了。因此，一天可以分解

18 譯註：一六二九～一六九五，荷蘭物理學家、天文學家和數學家，貢獻包括建立擺鐘論、測定冰點和沸點，以及發現了土星六號衛星和土星環等等。

成八萬六千四百個完全相同的秒擺（pendulum second）。時間從難以捉摸的自然循環流動，變成一種可量化的過程，用一模一樣的機械步伐向前跳躍。

接下來出現的就是一連串近乎永無止盡的實際應用：蒸汽機、照相機、人造光、無線電、電視、汽車、飛機、網際網路。在牛頓提出基本運動定律兩百年後——就人類歷史來看不過一眨眼，社會已經以各種炫目的方式機械化、工業化了。千千萬萬年來，人類一直受制於世界；現在他可以對世界強加意志了。史上頭一遭，他能夠徹底改變受困的境遇，讓人生變得容易。或至少，他產生了那種印象。

但無可否認地，銅板有正反兩面。每一次提升便利，都是要付出代價的，包括與自然和社會環境的連結愈來愈弱。人造光破壞了日月加諸日常活動的韻律；時鐘使人類心智脫離大自然的循環過程（露水乾掉時碰面；太陽升到最高時用餐；夜幕低垂時就寢）；羅盤讓人疏離了星星；工業勞動吸引他走出農田和森林。一般人不會覺得上述種種造成的心理衝擊有多重要——甚至連想都沒想過。但那無疑十分巨大。機械化之前，人類的一切經驗總是呼應自然瞬息萬變、形形色色的語言；機械化之後，他便全神貫注於一種單調、機械的節律了。

社會連結也面目全非。無線電和電視的發明促使大眾媒體興起，也使得僅具社交功能的直接人際互動相應衰退。鄰居晚上串門子、酒吧聚會、豐收節、各種儀式和慶典——都逐漸被媒體呈現的消費所取代。這誘使我們產生某種社交懈怠。花費心力和人類同胞互動，不再是必要之舉。沒有吵架的風險；不必面對令人痛苦的嫉妒、羞恥、困窘；不必盛裝打扮，甚至不必離開家裡。這也讓社會交流趨於一致。公共空間，包括政治範疇，逐漸被愈來愈少的聲音霸占，那透過大眾媒體攻克各大論壇。換句話說，社會關係失去了原有的多樣性和獨創性。

勞動過程的機械化也深刻改變了社會結構與連結——這是馬克思歷史唯物論探究的面向。例如，蒸汽機可為數量龐大的織布機提供動力，也為數量龐大的民眾提供就業，促使新的社會型態，例如工廠村，圍繞它而興起。這些社群僅著眼於量生產，雇傭勞動是唯一的集體認同點。就這樣，工業化打破了傳統上由各種職業、公職和權威（牧師／神父、市長）共同組成的社會結構。雖然千百年來這些結構抑制了人類的自由，甚至徹底壓制，但也提供人類一種心理基礎和參照標準。它們給予人類規則和律法、戒調和禁令、淫慾與衝動的界限、明確的焦慮、挫折和憤怒的對象。它們的消失使人們無所適從，陷入本身存在的黑暗中；心頭縈繞著難以釐清的存在焦慮與不安。我們將在第六章看到，這種不受控的焦慮在集體重塑和極權主義中扮演要角。

世界的機械化也對創造意義的層次產生直接影響。大量生產讓勞動的最終結果變得沒那麼確鑿。以往，生產物品的人必須維持自己和身邊眾人的物質生活。他工作是為了填飽自己的肚子、讓屋子溫暖、給自己衣服禦寒和抵擋他人的眼光。這隨著工業環境興起而改變。人現在生產物品——是為了很遠很遠的人。「我們工作的意義何在」這個問題的答案，不再與自己的身體息息相關。

另外，我們並不知道我們工作所為的「他者」是誰。我們的工作帶給「他者」的影響，再也看不到、感覺不到了。隨著（大部分）在地、小規模、手工藝生產消失，生產者和消費者之間的連結斷裂了。多數時候，生產物質產品的人，不再與準備使用產品的人建立聯繫。產品交貨的時候，生產者不再親眼見到收受者臉上的喜悅或感激。正是這些細微但可見的生理效應，最能帶給人們工作的滿足感；它們是「工作具有意義」最直接的表徵。就這樣，不只是我們自己的身體，就連「他者」也逐漸不再是創造意義的來源。工作者成為現今大家所謂工業機器的小齒輪，唯有應得的工資能夠起潤滑作用。勞動從麻煩但本身具有意義的生存差事，變成一種無實質的功利必需品。

▼

除了意義衰微，還有另外一個問題出現。出乎意料地，勞動的工業化和機械化不代表需要的工作量減少。二十世紀初，英國經濟學家約翰·梅納德·凱因斯（John Maynard Keynes）預測到二十世紀末，技術發展將轉化為每週工時十五小時，而這樣的工時就足以產出社會所需的一切。他最後一句話說對了——事實上還高估了。社會或許不需要每週勞動十五小時就能完成那個目標。但他的預言卻沒有成真。到了二十世紀末，人們工作的時間比以往都久。

凱因斯沒有考慮到的是，無意義和無用的工作，竟以匪夷所思的規模創造出來。人類學教授大衛．格雷伯（David Graeber）在他現已舉世聞名的著作《40％的工作沒意義，為什麼還搶著做？》（*Bullshit Jobs*）中敘述這件事。他隨機找了一些人當樣本，問他們是否認為自己的工作對社會做出有意義的貢獻。約有37％回以斬釘截鐵的「否」，另有13％不確定。這些「狗屁工作」大多創於行政和經濟部門，而有無數職業支持這些部門。格雷伯說了「柯特」的故事：他任職於一家為德國軍隊提供附屬服務的公司，藉此闡明好多人的工作與生活，開始變得有多荒謬：

柯特：德軍雇了一家承包商做IT（資訊科技）工作。IT承包商雇了分包商處理後勤事務。後勤公司雇了分包商做人事管理，我就在那家人事管理公司工作。

假設有位軍人要從原來的辦公室調動到同一條走道的隔壁第二間，他不是簡單地把電腦抱過去就好，而是必須填寫申請表。

IT公司收到表格，會有人負責審核和批准，然後送到後勤公司。接著後勤公司會同意電腦要搬到同一條走道的隔壁第二間，然後跟我們要人。我公司的辦公室員工會做他們該做的事，而我就在這裡出場。

我會收到一封email：「在某某時間到某某營區。」營區大多離我家一百到三百哩路，所以我會租車。我開著租來的車子到營區，通知派遣員我到了、填表、幫電腦斷線、幫電腦裝箱、封箱、請後勤公司的人把箱子搬到五公尺外的房間，我在那裡重新開箱、填另一張表、幫電腦重新連線、打電話給協調員、讓他知道我花了多久時間、找幾個人簽名、把租來的車開回家、把所有文書作業傳給協調員，拿到酬勞。

所以，不是那名軍人自己搬電腦沿著走廊走五公尺，而是另外找兩個人合計開六到十小時的車、填大概十五張表格、浪費超過四百歐元的納稅錢。

這是無意義工作現象的一個有趣面向：你以為資本主義掛帥、獲利至上的私人公司不會有這種荒謬的工作存在。追求獲利的公司豈可能把錢失血給沒有創造利潤的員工？然而，這個想法可以歸類為幻想了。即便在私部門，無意義的工作也急遽增加中。我們可以首先歸因於企業文化轉變。今天的高級主管跟他們所領導公司的成敗，很少有真正的個人利害關係。創造無意義的工作是他們可以負擔的事，或許是幫朋友一點小忙，或是營造公司聘用各類「專家」的練達形象，甚至只是為了美化公司的就業統計數據。反正在公司破產後，高階主管還可以去其他地方受雇一陣子。

但事情不止於此。行政經濟部門的大肆擴張也和我們社會更根深柢固的心理傾向密不可分。規範、程序、行政流程的無盡激增通常源自於人與人間的不信任，以及無法容忍不確定和風險。政府和民眾都愈來愈嚴苛地要求凡事都要以**正確的方式**進行。這包括無窮無盡的程序規定，以便能在萬一有任何地方出錯時判定誰該承擔財務及法律責任。如我們將在第五章討論的，今天之所以什麼都要求管控，是在發狂般試圖掌控日益增長的焦慮。

如果人際關係充斥著根本的不信任，人生就會變得複雜到絕望，社會就會耗費心力來創造林林總總的「安全機制」，而安全機制其實只會使不信任變本加厲，還有更重要的，心理疲憊衰竭。那就是為什麼「狗屁工作」現象和流行病般的職場倦怠有直接關係。讓工作績效奇差無比通常不是實際的要求，而是不可能感受到意義和滿足，不可能把工作體驗為一種創造的行動。叫一個人待在辦公室裡，付給他優渥的薪水執行無用的差事，像是每十分鐘按一次鈕。這樣的工作會讓你擺脫人生的重擔，還是讓你的生命變得不可承受之輕呢？

最後，一種矛盾油然而生：對於從事有意義工作的人，開始心生怨恨和報復。值得注意的是，被解雇的，或是工作報酬低到幾乎要靠救濟或補貼才能維生的人，大部分都是工作有直接用處的人——醫療人員、垃圾收集員、工匠、農人（想想農人，他們生產的糧食可是最必要的物質產品）。反觀最沒有意義的工作，例如行政職，數量卻逐步增加，而且相形之下酬勞愈來愈豐厚。這或多或少是下面這句話（無意識）的推理：「如果你夠幸運、擁有一份有意義的工作，你就不該期望以此獲得適當的報酬。」就這樣，我們最終落入這樣的境地：選擇有意義的工作似是愚蠢之舉。

無意義職業的興起讓我們見到，人類真正的問題在於人際關係，勝過與自然力的搏鬥和工作的體能需求。簡單說，在人際關係令人滿意的社會，就算只有原始的生產方式，生命也可以忍受。反之，在人際關係貧瘠、有害的社會，不論這個社會在機械技術革命方面有多「先進」，人生都艱難得無法承受。

▼

總而言之，科學造就了透過工業化和機械化來改變物質世界的傑出能力。但這也衍生出若干問題，特別是關於「關係」的問題，包括和我們彼此的關係，以及和自然的關係。另外，我們也面臨科學──或說是今天被視為科學的東西，通常既不精確又不可靠的事實，所引發的各種問題。

在第一章，我解釋了醫學科學的研究品質問題重重。少說有85%的醫學研究因謬誤、馬虎、欺騙等緣故，做出靠不住的結論。這讓我們得以了解，比如為什麼研究試驗判定安全的藥物，實地應用後卻導致數千人死亡，或引發重大的副作用。最著名的例子可能是賽得（thalidomide，或稱沙利竇邁）的醜聞。賽得在一九五八年被行銷為孕婦可服用的抗噁心藥物。到一九六一年，事實昭然若揭，賽得至少造成一萬名胎兒嚴重畸形，主要是四肢發育不良，甚至完全沒有手腳。這起醜聞最驚悚的是藥商繼續生產這種藥物數年之久，而在某些國家（包括比利時），更無需處方販售到一九六三年。這種造成上萬名新生兒畸形、還奪走數千條人命的藥物，一直要到一九六九年才下架。原因很複雜，委婉地說：政府一開始想要百分之百確定賽得真的和胎兒畸形有關。

另一個相當戲劇化的例子是人造激素己烯雌酚（簡稱DES），這在一九四七到一九七六年間廣泛用來避免流產。一九七六年，大家才知使用DES顯然是可怕的錯誤。那不但避免不了流產，還會造成一連串將危害好幾代的嚴重副作用。服用DES的女性罹患乳癌的風險較高。第一代的女性後代出現子宮內膜異常、妊娠併發症、生殖器畸形的風險較高，罹患子宮頸癌、乳癌和陰道癌的風險也升高。第一代的男性後代更可能出現副睪節瘤，第二代的男性後代有輸尿管異常的比率較高。沒有人知道ＤＥＳ造成的異常會在哪一代停止，甚至會不會停止。

賽得和ＤＥＳ或許是最著名的醫療醜聞，但不是造成最多人受害的醜聞。二〇一九年，數家藥商遭提起大規模訴訟，控告他們在過去二十年製造鴉片類藥物，導致四十萬人喪命，摧毀不知幾百萬美國人的生活，釀成危機。這起悲劇的一大教訓是，就算是長期普遍使用的藥物，也不保證安全。比如要到二〇二一年才發現，一九五五年即上市、備受歡迎的止痛劑乙醯胺酚（即泰諾〔Tylenol〕）含致癌物質，可能傷害胎兒。

但藥物在上市之前，不是都做過大規模的作用與副作用試驗嗎？那麼多有害的副作用怎麼可能都沒發現？問題來了：「健康」或「藥物反應」等現象是複雜的動態現象，不可能全面測量或全盤理解。研究人員能記錄或監控的反應非常有限（例如對症狀的影響、對血壓或呼吸的影響）。對於其他種種，他基本上仍在五里霧中。另外，研究的進行也有時限，無法充分說明在那段期間之後，甚至好幾代以後顯現的副作用。最後，副作用也可能細微到無法立刻察覺，但時間一久就會變得相當嚴重，例如全身免疫力下降。

預言準確與否，也會因為強大的心理因素更趨複雜。安慰劑效應（placebo effect，只因患者相信治療有效，治療就產生正面功效）和反安慰劑效應（nocebo effect，患者相信治療有害，治療就產生負面效果）都是廣為接受的現象。且如同一些人所說，兩者並非微不足道。有研究人員評估（例如夏皮羅〔Shapiro〕和華姆波德〔Wampold〕）有高達九成的醫療作用可歸因於心理因素。如果估計正確，那用（未獲承認的）心理治療來形容多數醫學治療反而比較精確。

雖然一如所有資料，這些數據資料也是相對的，但事態相當明顯：心理因素有舉足輕重的影響（第十章將專門講這件事）。這就是為什麼藥品和醫療干預的成效難以預測，而且可能隨著時代精神（zeitgeist）改變而改變。不同的論述會產生不同的預期，不同的預期會產生不同的效應。這有助於解釋為什麼藥物似乎會在上市一陣子後失去最初的療效。新的療法會引發世人高度期待，而高度期待會創造出強勁的安慰劑效應。唯有採用天真的機械論觀點，人們才會相信醫療干預的效果可以透過實驗客觀地測量。

醫學研究品質不佳也引發迫切的倫理問題。例如，它刺眼地照耀著進行實驗的無情動力。用於醫學實驗的實驗動物數量逐年增加。二〇〇五年，全球大約犧牲了一億隻動物（！）；至二〇二〇年，數量幾乎倍增至將近兩億隻（！）。這些動物命運悲慘，通常悲慘到難以言喻。若考量85%的醫學研究是謬誤、偏頗、甚至詐欺（請參見第一章），我們可以斷言：在大部分的例子，這座苦難的煉獄根本沒意義也沒必要。我們該把實驗與折磨之間的界線畫在哪裡？如果在一個社會裡，諸如此類的做法達到這等規模和這等荒謬程度，我們不得不斷言：這樣的社會病得很嚴重。

▼

機械思維給人莫大的能力來操縱物質世界。結合人類天生的（自我）毀滅傾向，這使他陷入有史以來最危險的境地。史上第一次，人有能力把他仰賴的「自然資源」破壞殆盡，例如耗盡世界的魚群和清除整片雨林。另外，隨著戰爭工業化和機械化，機械思維更以公然、直接的方式展現其毀滅的能耐。兩次世界大戰部署的毀滅機器使數千萬人受害，他們都是沉默的見證人。而戰後年代的受害者有增無減——科學與凶殘憤怒之間的邪惡結合，造成了昔日戰火相形見絀的浩劫。舉一個例子就好：孟山都（Monsanto）製造了七千六百萬公升的橙劑（Agent Orange），在越南叢林噴灑來使樹木脫葉，越共現蹤。結果呢？數百萬越南人及美國軍人生了重病，通常有腫瘤和癌症，也導致至少十五萬兒童畸形。

儘管機械科學力求讓人類過得更舒適，但在許多方面也讓人類境況變得更危險。人靠自己從自然那裡釋放了力量，卻不由得感覺受到那些力量的威脅。而且，那些力量最後多半集中在少數人手中。世界持續工業化、機械化及技術化的結果，生產能力、經濟權力（經由自我集權的金融體系）、心理權力（經由大眾媒體）都落入愈來愈少的人之手。啟蒙傳統給人自由自主的指望，但某種程度上，它卻帶給人們比以往更深的依賴（感）和無力（感）。這種無力感使得民眾愈來愈不信任掌握權力的人。綜觀十九世紀，愈來愈少人覺得政治領袖真的能在公共場所代表他們的聲音，或捍衛他們的利益。如此一來，人也開始和那些政治人物代表的社會階級漸行漸遠，像失根的浮萍，不再與整個社會有所連結，不再歸屬於某個有意義的社會群體。

雖然啟蒙傳統是萌生於人類意欲了解和掌控世界的積極樂觀的抱負，卻在好幾個方面適得其反：也就是反倒讓人感覺失控。人類發現自己處於孤立狀態，切斷了與自然的聯繫，脫離社會結構與連結，因深刻的無意義感而覺得無力，生活在充塞著難以置信的毀滅可能的陰霾底下，無論心理上和物質上都須仰賴快樂的少數人，偏偏那些都是他不信任、無法認同的人。漢娜·鄂蘭稱這種個體為「原子化的臣民」（atomized subject）。而就在這些原子化的臣民身上，我們見到極權國家的基本要件。

CHAPTER 3 人工社會

機械論意識形態的終局是什麼呢？要回答這個問題，我們必須回到那間比薩教堂，十七歲伽利略的雙眼跟著吊燈晃來晃去的地方。憑藉著年輕的開闊胸襟與好奇心，伽利略看出無數隻眼睛從來沒有注意過的事：不論擺錘擺動的距離是長是短，它來回擺動一次所需的時間永遠一致。經過更嚴密的分析，這是有道理的。長擺動會從較高的位置開始，而隨著物體開始向下運動，它在這段路程會加速。較短的擺動從較低的位置開始，當物體開始向下運動，它的加速會比較少。擺錘在路徑上的行進速度，與它製造的弧長成正比——因此擺錘擺動持續的時間永遠一致。

伽利略的發現精采絕倫，這點無庸置疑。但那並非完全正確。惠更斯在打造自己的擺鐘時注意到一件事：如果他在同一面牆掛上好幾個鐘，那些鐘的鐘擺最終會以完全同步的方式擺動。他不得不做成這個結論：那些鐘會以某種方式相互聯繫。惠更斯認為——事實證明為正確，鐘擺的振動會蔓延整面牆，以難以理解的方式造成持續時間的微小偏差，最終使所有鐘擺運動變得同步。

這就是說，鐘擺比伽利略的簡單定律所暗示的複雜。顯然，鐘擺有能力在環境的影響下調節自己的運動。運動時間的精密測量證明惠更斯的觀點起碼在這種說法無誤：與伽利略所想的相反，鐘擺的擺動時間不見得永遠一致。有時完成運動的時間會久一點，有時會快一點。而就算鐘擺是在孤立狀態，沒有同步過程，情況也是如此。擺動的持續時間不會一模一樣。一開始，這些誤差被視為一種無足輕重的「雜訊」而不納入考量。當時一般相信，鐘擺的不規則是偶然機械因素造成的巧合，例如附近氣流變化或擺線扭轉。

世人要到二十世紀下半葉，才發現這不正確。這種看似隨機的偏差實為一種可用數學公式描述，但完全不可預測的模式。（鐘擺具有必然不可預測性〔deterministic unpredictability〕的特徵，我們將在第九章回頭探討。）尤有甚者，前面提到的模式，每一個鐘擺都獨一無二。以往鐘擺一直被視為忠實遵守伽利略定律的單調機械現象，但事實上，那些基本機械裝置本質上具有創造力，亦具有不服從的特殊能力。詹姆斯．葛雷易克（James Gleick）在《混沌：不測風雲的背後》（*Chaos*）一書中這麼說：「研究混沌力學的人發現，簡單系統的脫序行為會產生如同創意過程的作用。那會產生複雜性：組織豐富的模式，時而穩定，時而不穩定，時而有限，時而無窮，但永遠像生物一般令人神魂顛倒。」

把鐘擺的行為簡化成伽利略定律，會剝奪它的「社會」性質，以及個體性和創造力。如果你用電腦程式創造行為嚴格遵守伽利略定律的虛擬鐘擺，那乍看下固然很像真正的鐘擺，但那會是個死板的現象，欠缺真正鐘擺生氣勃勃的混沌。

伽利略的鐘擺闡明了一個普遍法則：若用邏輯和理性來解釋某個自然現象——不管有多面面俱到，最終一定會造就出該現象的抽象概念。理論模型從來無法徹底捕捉某件事；一定會留下未盡之處。這個未盡之處不只是無足輕重的隨機「雜訊」。它就是事物的本質。是事物活生生的要素。

比如你可以在「自然」與「人工」產品中看出這個差異。無論是基因工程的植物、實驗室列印的肉、疫苗產生的免疫力，或高科技的性玩偶——不論我們何時運用理性分析來人工複製自然現象，人工現象都不會跟原型一模一樣。箇中差異不見得一眼就能看出，有時肉眼完全無法察覺，但那在生理和心理層次都非常重要。其中人類互動的數位化——以數位互動取代真實人類互動，就是很好的例子。

在新冠危機推波助瀾下，往數位社會邁進的趨勢又向前一大步。遠距工作成為常態，學生在線上過校園生活，開胃酒和咖啡改在電視或電腦螢幕前面啜飲，就連性事也有技術機械中介，死刑也拉到超過十公尺的安全距離執行。一開始，這被視為必要之舉，偶爾也被視為優勢。人覺得受到防毒保護、節省時間、避開交通壅塞、減少生態足跡、省去人際相處帶來的壓力與不適。

但線上生活的加速發展也加快了不堪疲累與耗竭的速度，嚴重到現在有人開始講**數位憂鬱**（digital depression）了。或許這個問題的癥結在此：對話不僅傳達資訊，也是細微但同樣深刻的身體交流，而這被數位化打亂了。說話的身體面向至關重要。它讓語言成為愛與慾的表現，充滿優雅的色情力量。那就是為什麼我們做了一週的線上工作後，會渴望來場實際對話的原因。

數位對話和實際對話不一樣。這點在嬰兒身上最為清楚。出生後頭六個月，他們會以驚人的速度學習辨別語言的聲音，但說話的人必須人在現場，聽錄音或錄影就無此成效（請參見庫爾〔Kuhl〕的實驗）。早期的語言學習與「他者」實際在場密不可分。孩子會內化母親的（身體）語言，因為他會用母親的體溫，用乳房分泌的母乳等等滿足他的生理需求。孩子會屏氣凝神注視母親的臉龐，模仿臉上的表情；會聚精會神聆聽母親發出的聲音，甚至用他最早的嗚咽和哭泣呼應母親說話的旋律和音調。

還有：同步早在出生前，在子宮裡就發生了。安妮・墨菲・保羅（Annie Murphy Paul）的實驗（〈寶寶在出生前學會什麼〉〔What babies learn before they are born〕）證明嬰兒出生後的哭聲，已經和母親的聲音旋律相近。而如果新生兒在左邊乳房哺乳時透過耳機聽母親的聲音，右乳哺乳時聽別人的聲音，他會開始明顯多吸左胸的乳。我們無可避免做成這個結論：孩子在子宮裡已經熟悉母親的聲音了；子宮裡的生活已經注定他會與那特定的聲音產生共鳴。

出生後，孩子會繼續發展這最初的共鳴。這並非偶然發生。孩子會發揮創造力模仿母親的聲音和表情；而在這個過程，他也感受了她的感受。模仿母親的快樂表情時，他也感受了她的喜悅；模仿她悲傷的表情，他也會感受她的不快樂。類似的情況也適用於聲音的交流：母親語言的鏗鏘聲中顫動著她生命的喜怒哀樂，而模仿那種語言的孩子會產生同樣的心理波長，而與母親感同身受。

孩童和其（社交）環境的早期共鳴，會造成一個獨特的現象：幼童的身體會「承載」一連串的顫動和緊張，而後嵌入最深、最細的身體纖維。它們會形成一種「身體記憶」，不僅左右肌肉組織、腺體、神經和器官的功能，也使孩童容易產生特定心理情況或失調。

人體，可說是名副其實的弦樂器。橫跨骨骼的肌肉，以及身體其他纖維，在幼童時就透過模仿的語言交流施加某種張力。這個張力決定了一個人會與哪些（社交）現象產生共鳴，會決定他在往後人生敏感的頻率。那就是為什麼特定人物和特定事件可能名副其實地「撥動心弦」；那些觸碰了身體，也觸動了靈魂。正因如此，聲音可能讓身體生病。或者，反過來說，療癒。

這就是為什麼說話聲至關重要，特別是年紀尚幼時。缺乏說話聲對幼童相當不利。奧地利裔美國精神病學家勒內・史皮茲（Rene Spitz）研究了兩組生理需求（食、衣、住）以同樣方式滿足的孩童，但一組和照顧者有穩定的心理連結，另一組則沒有。史皮茲發現，後面那一組的死亡率明顯較高。

在往後一輩子的人生，語言交流的微妙生理面向依然重要。一如幼童，成年人在說話時也會經常不自覺地反映對話者的表情和姿勢（請參見俗稱鏡像神經元的研究）。這是經由一種內在模仿而產生，而你的肌肉張力會因此極細微、難以察覺地增大。但不管有多細微，要在短到不可測量的時間裡判斷對方更深層的主觀經驗——那個人是否痛苦，是悲是喜，或者也許只是假裝——並加以模仿，這綽綽有餘。

這使對話者之間出現非常直接的連結。身為專業人士，我詳盡研究過（心理治療的）對話十五年，已經能夠以具體的方式查明這點。在此就強調一個面向就好：人在對話期間，對彼此的反應快得令人難以置信。一個人一停止說話，另一個人通常不到〇點二秒就會開口接話（對交通號誌的反應時間平均比這長五倍）。就算說話的人其實沒有把話講完、對方不可能根據句子的語義結構來預測他什麼時候會停止，情況也是如此。

人們交談時會非常敏銳地感應彼此，因為他們會察覺到語調、音色、表情、姿勢、語速等最細微的變化。一如成群的椋鳥，這些變化會形成一種生命體。他們透過精神的薄膜相互連結，傳遞身體和靈魂中最細微的漣漪。在每一次語言交流，不管多瑣碎，人都會展現自己是完美的舞伴；他們會透過永恆的語言音樂，巧妙地結合。我們「做愛」的頻率比我們察覺到的高。

數位化之後，這種複雜的現象也隨之退化。數位互動一定有某種程度的延遲；會排除某些接觸的層面，例如氣味和溫度；是有選擇性的（只看得到對方的臉）；並持續創造連結可能中斷的不妙預感（preapprehension）。如此一來，數位互動不僅帶來戒慎、僵硬的感受，也會帶給我們不可能真的感同身受的感覺。套用職場領導力專家詹比耶洛·彼崔格里利（Gianpiero Petriglieri）的話：「在數位互動中，我們的心智會被哄騙，相信我們在一起；但我們的身體知道實則不然；數位對話最令人精疲力竭的，就是要時時處於對方不在場的狀態。」

從這裡，我們見到數位化與憂鬱的直接關聯。在古典精神分析理論中，憂鬱和受挫的無助經驗有關，是由於摯愛對象（童年時通常是爸爸或媽媽）消極被動或缺席而引發。於是你對這個「他者」如法炮製：你也變得消極（意即憂鬱）。數位「連結」也會產生類似的動能：你對某位「他者」感到無助，你覺得他心不在焉、無法接觸，於是回以挫折和被動（意即覺得精疲力盡）。

數位化會使對話失去人性。這通常會以隱伏的方式發生，但有時也可能感覺非常鮮明。最近我的心理治療業務就有一個例子：一位四十出頭的女性夜半醒來，發現雙手滿是鮮血，明白自己渴望一輩子的寶寶流掉了。她哭著找我說話——真正的對話。在這樣的情況，任何人都可能感覺，若將戲劇性的情感化為文字表達，將無法攀越數位的高牆。除非真的別無他法，在這種情況跟人數位對話真的看來不近人情。

類似的例子在教育背景（老師的熱忱在教室裡明顯感覺得到，卻耐不住經由光纖電纜的旅程）、工作環境（線上會議感覺不出專案領導人有多鼎力支持）、戀愛生活（試著透過線上交流挽救一段搖擺不定的愛情，結果受盡語言的折磨），事實上任何必須完全由人類、人性陪伴的情境，都找得到。

若以上為真，為什麼數位互動那麼吸引人呢？為什麼我們早在新冠危機前，就很高興地放棄閒聊、改傳簡訊了？這種方式便於和身在遠方的人交流；確實如此。然而，也有另一個心理因素在起作用。不確定性是人類經驗的顯著特徵——沒有其他動物這麼受懷疑困擾，或這麼為生存問題折磨——而我們跟「他者」的關係尤其如此。我要怎麼為他人做好事？他喜歡我嗎？他覺得我有魅力嗎？他在乎我嗎？他想從我這裡得到什麼呢？

在數位對話中，「他者」確實跟我們保持了距離，但仍接觸得到，於是那些永無休止的問題和相關的不確定及恐懼，就沒那麼劇烈了。掌控感大多了；我們更容易選擇性地表現某些事情而隱藏其他事情。簡單地說，躲在數位的高牆後面，人們心理上覺得比較安全、比較舒適，但會為此付出失去連結性的代價。這帶我們來到一個將在這本書反覆出現的論題：世界的機械化使人類失去與其環境的聯繫，成為原子化的臣民，也就是漢娜・鄂蘭認定為極權國家基本要素的那種臣民。

▼

科學是讓理論順應現實，意識形態則是要現實順應理論。這包括機械論意識形態，那試圖改編現實以符合其理論虛構。它的目標是要自然和世界臻於完美。我們已經提過基因工程的動植物、實驗室列印的肉和其他人工產物，但人工產物的範圍遠不限於此。有些人主張月經是不必要的不便，提倡用人工荷爾蒙消除，將此女性週期化為單一條扁平的線。而經過多年將牛、犬胎兒「種」在人造子宮（簡直跟塑膠袋差不多，請參考圖3.1）的實驗後，有些人相信，用人造合成布袋取代母親子宮的時候到了。

這種做法只差一件事就和赫胥黎（Aldous Huxley）[19]《美麗新世界》（*Brave New World*）裡的育種計畫一模一樣：母親的聲音被單調重複的制約訊息取代。如此一來，母親聲音的悠揚回音便不再反映於新生兒的哭聲中。相反地，寶寶來到人世時已經「適應社會」了。其他優點亦不容低估。未來的爸媽在「懷孕」的九個月內，仍能繼續過正常生活。至於在人造子宮打開、孩子「出生」後，是否容許這個孩子的存在改變人生，目前仍不明朗。

人造子宮沒有我們所想的那麼遙遠。要說服一個已經被機械論意識形態的社會，只需要找一批「專家」天天在媒體呈現統計數字和資料，告知我們

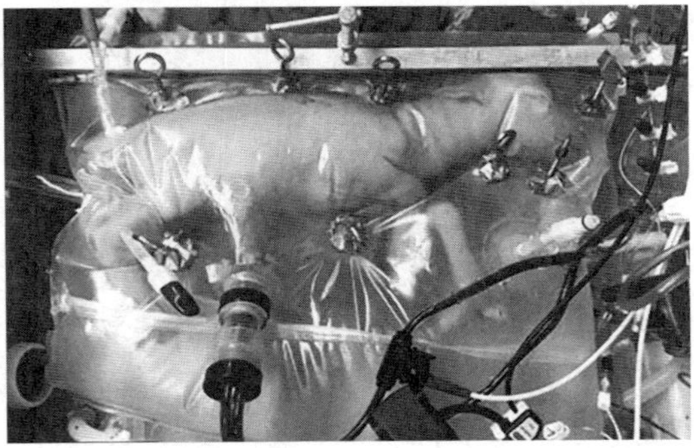

圖 3.1

人造子宮比沒那麼無菌的母體更能防範病毒和病原體幾個百分點就可以了。照這種邏輯，任何選擇自然懷孕的人都會被認定為不適任的爸媽——竟然讓孩子還沒出生就暴露於不必要的風險。不贊同的聲音能否蓋過這種邏輯仍有待觀察。生命本身只能靠隱喻和詩歌來保護，但隱喻和詩歌的聲音通常沒有機械論單調的嗡嗡嗡那麼響亮。

這些趨勢符合更廣義的理想社會觀。那些事先灌輸我們未來社會是何

19 譯註：一八九四～一九六三，英國作家，後定居美國，著作反映科技發展滅絕人性的一面，最著名的是《美麗新世界》。

樣貌的機構，例如世界經濟論壇，認為世界趨向數位宇宙（digicosm），即人類生活主要在網路進行的「社會」，是理所當然的事。說來奇妙，二十一世紀的環境運動也亦步亦趨。它沿著「生態現代主義」（ecomodernist）的路線前進，目標是拯救自然不受人類危害。因此，住在鄉村是罪過，燒柴爐、吃真肉（亦即非實驗室列印）也是罪過。照這樣的邏輯，理想的生活是在室內，打靜脈注射度過。考慮到氣候變遷議題之迫切，人能和自然結合為神秘的整體、與自然和諧共存的事實，被認為是浪漫不切實際，甚至危險至極的觀念。

這種社會觀常與所謂的超人類主義（transhumanism）交叉。這是機械論意識形態在當代的複述，認為這種意識形態值得嚮往，甚至必要，認為未來的人類身心都將與機器融為一體。超人類主義想要用完全仰賴技術的**身體網路**取代扭動身體的混亂。為此目的，身體必須遍植微晶片，透過強有力的網路監控。若能做到這件事，不僅能比以往更有效地對抗犯罪和性騷擾，還能透過蒐集生物辨識資料實行基因矯正和開立預防性藥物，用疫苗培養的人工免疫力取代人天生的恢復力。就連人類的心智也可受惠於這些發展。二〇二〇二〇年，伊隆．馬斯克（Elon Musk）宣布，我們五年後便不再需要彆扭的人類語言——無止盡誤解的源頭，因為他將提供可以嵌入大腦的微晶片，讓人類可以透過無瑕的數位訊號彼此溝通。

接下來的事情應該就不令人意外了：在這種烏托邦之中，他們也想透過激進機械技術的工具來控制氣候條件，消除遠古以來全球農民的焦慮來源。茲因全球暖化，這樣的措施被認為不可或缺，而技術專家認為他們做得到。例如，他們可以在地球與太陽之間置入「智慧」鏡、從火箭發射硫酸鹽雲朵、讓碳酸鈣炸彈在平流層爆炸藉以「調暗」陽光等等。機械論意識形態一直靠信貸維生！未來，只要獲致完美的知識，只要掌控完美的技術，就能讓人類機器置身天堂。但現在，它徒然使人們生病而憂鬱。

機械論意識形態高奏的凱歌永遠包含不和諧的音符。如果現在我們明白什麼，那就是我們取得的便利，絕對要付出代價，而等到代價變得明朗，往往已經太遲。鐵氟龍鍋子裡的氟化物和防水雨衣裡的ＰＦＡ，後來都證明致癌。數百種日用品使用的環氧乙烷也是如此。化學物質和慢性非傳染退化性疾病之間的關聯基本上人盡皆知，但這阻止不了，也改變不了繼續推動「文明化」的動力。機械科學對世界的衝擊愈大，這個事實就愈明顯：我們製造的問題，幾乎找不到解決之道。海洋裡愈來愈濃的「塑膠湯」和半衰期長達數十萬年的核廢料，只是其中兩個例子。基本上，對於明事理的人來說，這些問題從一開始就清清楚楚。例如，十八世紀，英國畫家及詩人威廉·布萊克（William Blake）就已敏銳意識到世界機械化的毀滅性和剝奪人性的特質。某種程度上，他的畢生之作都是為此作證。可惜，從當年到現在，他都是例外。

人為什麼會如此無可救藥地受到機械論意識形態誘惑？部分原因是受到這個幻想驅使：人完全不必檢討自己，就能消除生存的不適。現代醫學就是最好的例子。痛苦的根源一般會被追溯至身體的某種機械「缺陷」，或是某種外來物質，例如某種病菌或病毒。它的原因被局部化，因此（原則上）可以控制、管理和巧妙地處置，病患不必跟任何複雜的心理、倫理或道德問題搏鬥。「一顆藥就能助你擺脫問題。」「整形手術能把你從各種情結中拯救出來，無須質疑你羞恥和困窘的源頭。」儘管機械科學的實地應用讓生活更簡單了，但某種程度上，生命的本質卻離我們愈來愈遠。那個過程主要是在潛意識發生，但激烈精神痛苦的急遽增加，卻是在社會表面顯而易見、確切無疑的跡象。

啟蒙時代的人類不得不緊抓烏托邦的樂觀。十九世紀，工業化預示貴族社會和階級社會，以及相關的地方社會結構即將絕跡。人跌跌撞撞地走出他的社會和自然背景，而他一摔倒，意義也隨之消散（見第二章）。在這個「除魅」（disenchanted）的機械世界（馬克斯．韋伯〔Max Weber〕[20]），人生變得無意義而無目的（宇宙這部機器的運作沒有意義、不帶目的），宗教的參照架構也失去凝聚力。焦慮與不安，曾和貴族、教士的壓迫與弊病綁在一起，這會兒開始在人的靈魂裡難以名狀地漂流。挫折與侵略性，曾被地獄和最後審判的恐懼抑制，事實證明愈來愈容易挑動。對來生的盼望逐漸淡去，

20 譯註：一八六四～一九二〇，德國社會學家、歷史學家、哲學家等，被公認為現代西方社會學的奠基者之一。

隨即為另一種信仰取代：相信人工創造、機械科學的天堂。

就在這裡，我們和漢娜．鄂蘭一起，找到了極權主義的暗流：天真地相信，用科學知識即可創造出無瑕的人形生物和烏托邦社會。納粹認為基於優生學和社會達爾文主義可孕育出血統純粹的超人，史達林主義者以依照歷史唯物論創造無產階級社會為理想，都是典型的例子，近期超人類社會的崛起亦如是。當我們聽到這樣的意識形態，我們很容易相信那些是精神錯亂的產物。這是錯誤的認識。例如柏拉圖就覺得優生學是值得讚賞的做法，且在他的理想國占有一席之地。二十世紀也教我們這種實務確實能造就某種程度的「成功」。賽普勒斯有計畫地將帶有地中海型貧血（thalassemia）基因遺傳傾向的胎兒人工流產，順利讓這種遺傳血液疾病在島上幾乎完全絕跡。

我們必須嚴肅地問自己下面這個問題：為什麼不要遵循優生學原則？做為一種社會策略，我們可以純粹出於倫理因素拒絕之，但更重要的是，我們也可以基於理性觀點摒棄之。理性觀點的精髓大概像這樣：優生學可能有時在「局部」導致嚮往的成果，因為那涉及「對抗不受歡迎」的特性；然而從整體的觀念來看，它弊大於利。政府管制親密領域（intimate sphere）會導致心理的絕望，最終使身體健康衰退。（我們將在最後幾章詳盡探討這個主題。）就算實施優生學的背後，是以身體健康為終極目標的意識形態，優生學也是靠不住的策略，它忽略了人類的複雜和微妙之處。

誠如漢娜·鄂蘭指出，歸根結柢，極權主義是普遍執迷於科學、相信人造天堂的邏輯延伸：「科學【已成為】將神奇地治癒生存的邪惡，並改變人性的偶像。」在下一章，我們將更深入地探究機械論與極權主義論述的共同核心特徵之一：天真地相信現實可以測量，以及濫用和誤用資料和統計數值。

CHAPTER 4

（不）可測的宇宙

在第三章，我們針對機械論意識形態的（烏托邦）目標進行批判性分析。在這一章，我們將著眼於這種意識形態用來蒐集知識的方法。宇宙是一部機器，而這部機器的零件可以測量——這就是這種意識形態的基本假設。測量與計算構成了機械論研究方法的基礎。這個認識論的起點關係到機械論意識形態的理想社會概念。理想上，社會要由技術專家領導，而這些專家要根據客觀的數據資料做決定。就新冠危機而言，這個烏托邦的目標看似近在咫尺、伸手可及。正因如此，若要針對人們對測量和數字的信賴進行批判性分析，這場危機就是極佳的個案研究。

在最近這場危機之前，社會主要不是基於數據資料來進行管理。以往社會是由故事帶領，最早是神話和宗教故事，後來是政治故事。機械論意識形態無法接受人們信賴故事，因為那些故事本質上是無理性而主觀的；它們對於故事作者的著墨較多，對其代表所謂客觀現實的闡述較少。故事是由詞語組成，詞語可能代表任何意義；詞語跟事實沒有牢固、理性的關係。

而沒有理性的基礎，人就會漫無目的地漂流——機械論意識形態這麼相信。最終，那些故事通常只對作者有利；想想神職人員過得多爽，還有政客只需要出一張嘴的工作。我們不該等閒視之。那會導致權力濫用，甚至荒謬的戰慄。受害者無數：按儀式燒死的印度寡婦和溺斃的歐洲女巫只是其中少數沉默的見證人。過去的社會就是這樣每況愈下的：故事—主觀—不理性—尖刻的不正義—荒謬的戰慄。

新冠危機出乎預料地為機械論意識形態打開了機會之窗：對於病毒的不確定和恐懼，為這一種社會的建構及發展奠定了基礎：依照數字而非故事制定決策的社會。今天，我們談論的是相對「單純」的感染、住院和死亡人數；未來，我們可能會談論高科技的生物辨識資料——那精確地繪出生理機能的每一個面向。

不同於詞語，數字能為透明和理性的決策提供客觀基礎。因此，數字是權力濫用和荒謬顫慄的解藥。另外，數字也提供盡可能減輕人類痛苦的機會。這是通往未來理性社會的路徑：資料—客觀—理性—準確—減輕痛苦。以此觀之，冠狀病毒或可成為人類的至高成就。起碼，故事多多少少是這樣說的。

請看圖 4.1。如果你以兩百公里為單位測量英國海岸線的長度，那大概有兩千四百公里長；

圖 4.1

單位 = 200 公里
長度 = 2400 公里（近似值）

單位 = 50 公里
長度 = 3400 公里（近似值）

若改以五十公里為單位，就有三千四百公里長了。當你縮小測量單位，英國海岸線的長度會無限增加。道理很簡單：測量單位愈小，就可以愈緊密地跟隨不規則的海岸線，邊界自然變長。傑出的猶太裔波蘭數學家本華・曼德博（Benoit Mandelbrot）就以此例說明測量永遠是相對的，取決於一連串主觀選擇，例如測量單位。

▼

在一些罕見的案例，測量本身可以被視為精確和準客觀（例如測量嚴格線性物體的長度，比如一根棍子，或是清點離散類別的數目），但在詮釋的層次仍有重要的主觀因素。俗稱「辛普森悖論」（Simpson's paradox）的統計學案例就闡明了這點。表 4.1 顯示佛羅里達州處決殺人罪的人數，以罪犯種族區分。結果很明確：在佛羅里達白人比黑人可能被判死。研究人員推斷，對黑人的偏見不應歸為宣判死刑的驅動因素——直到一位統計學家以稍微不

罪犯種族	判死刑 是	判死刑 否	處決比率
白人	19	141	11.9
黑人	17	149	10.2

表 4.1 ｜佛羅里達處決人數，依罪犯種族區分

罪犯種族	受害者種族	判死刑 是	判死刑 否	處決比率
白人	白人	19	132	12.6
	黑人	0	9	0
黑人	白人	11	52	17.5
	黑人	6	97	5.8

表 4.2 ｜佛羅里達處決人數，依受害者種族區分

同的方式呈現同樣的數字。他不僅將行兇者分為黑人和白人，也依此區分受害者的種族（見表4.2）。這便形成相反的結論。

黑人殺害白人比白人殺害黑人更可能被判死。我們很容易認為這就是結論，但這些數字無疑還可以再換不同的方式展現，而可能再導致不同的結論。

數字有獨特的心理效應。會營造出幾乎不可抗拒的客觀錯覺，用圖表做視覺呈現的數字更能加深這種印象。人看到數字時，會相信數字是物體或事實。這種錯覺會蒙蔽雙眼，使人看不見這個明顯不過的真相：數字永遠是相對的、模稜兩可的；數字是經由意識形態（主觀）塑造的故事建構、生產的。乍看之下，數字似乎僅忠於事實，但仔細審視就會明白，數字就像奴隸一般，為每一個故事服務。

▼

在第一章，我們看到二〇〇五年科學界爆發的「再現危機」從來沒有真的化解。從當時到現在，科學仍繼續和流行病一般的謬誤、馬虎、牽強的結論及詐欺搏鬥。某種程度上，新冠危機只是這場危機的延續。差別在於這一次的場景不是在學術圈內，而是在公共廣場公開演出。所有在十多年前就已浮現的問題，這會兒在大眾媒體上、全球眾目睽睽下公然上演。許多民眾簡直不敢相信自己的眼睛和耳朵：世界等級最高的科學家竟自我矛盾、與同事牴觸、犯下簡單的計算和計數錯誤、有欠周延地改變主意、發表擺明受財務利益影響的科學聲明，甚至公開承認他們曾刻意誤導民眾。

數字在這起英雄事蹟扮演關鍵角色。基本上，新冠危機就是關於計算相對單純的現象，例如感染、住院和死亡人數。但顯而易見的是，那些資料絕不客觀。感染人數通常是由PCR檢測判定，而其進展並不順利。PCR檢測是設計來判定體內是否有病毒的RNA序列存在。[3] RNA序列可能來自凶猛的病毒，但也可能來自「死」病毒。因此，人可能在感染幾個月後（也就是早就沒有傳染力了）仍驗出陽性。而這只是這種檢驗的諸多限制之一。

事實證明根據陽性檢測結果來預估傳染率的變化也很有問題。例如，向媒體報告傳染趨勢的公衛專家都固執地不肯依據總檢測數進行調整。（套用專業術語，他們報告的是篩陽的絕對數字，而非陽性率。）二〇二〇年夏天，病毒學家及前列日大學校長伯納德．蘭提爾（Bernard Rentier）獲得存取俗稱夏季高峰（當時稱為第二波）原始數據的權限。他拿這些資料進行批判性分析，推斷在依據總檢測數進行調整後，預估感染數比媒體報告的估計值低了二十到七十倍。如果你認為像這樣的錯誤只會犯一次，那你就錯了。二〇二一年夏天，劇本重演。這一次，陽性率偶爾被提及，但又一次，媒體拿描繪絕對感染數的圖表警告我們將有一波夏季高峰。

住院人數的資料也是極端相對的。在那場危機中，任何在入院時篩陽的病患都被視為 COVID-19 患者，不論他們是真的出現 COVID-19 症狀，還是摔斷腿之類的。在某個時間點，蘇格蘭政府改弦易轍，開始只把既篩陽、入院時又有 COVID-19 症狀的病人視為新冠病患。結果？原有的 COVID-19 患者人數只剩下 13%。

這不是唯一一個扭曲住院資料的因素。徹底探討整場新冠危機的調查性新聞報導少之又少，二〇二一年春天，法蘭德斯語報紙《最新訊息報》（*Het Laatste Nieuws*）的傑隆・波薩特（Jeroen Bossaert）發表其中一份。他揭露，為財務收益，醫院和其他醫療機構人為增加死亡和 COVID-19 住院人數。這件事本身不令人意外，因為醫院用這種手法很久了。真正令人意外的是，在新冠危機期間，人們不願承認獲利動機扮演要角，而且會對資料造成衝擊。整個醫療產業突然綻放近乎聖潔的光輝。在新冠危機之前，可是有很多人才在批判、控訴營利醫療和大藥廠呢。（例如可參閱彼得・格茨徹〔Peter Gotzsche〕的《致命藥物與組織犯罪》〔*Deadly Medicines and Organised Crime*〕。）

另外，事實證明關於死亡人數的資料——或許是所有資料中最變幻莫測的，也絕非明確無疑。約有95%被登記為 COVID-19 的死者表現出一種以上的潛在病症。根據美國疾病管制與預防中心（CDC）的資料，這些死者僅有6%只出現 COVID-19 症狀。另外，新冠病毒的受害者通常年事已高，在比利時第一波平均八十三歲，還略高於平均預期壽命。這是個好問題：你要如何判定誰是「死於」COVID-19呢？如果某個年邁且健康情況不佳的人「得到冠狀病毒」而死亡，那個人是「死於」那種病毒嗎？壓死駱駝的最後一根稻草有比第一根重嗎？

▼

說了那麼多，我要表達的是新冠病毒危機的基本數字不是客觀的資料；它們是以主觀假設和共識為基礎來建構。取決於共識建立的方式，數字可能相差十五甚至二十倍。在這個「主觀的森林」，每一個人都有意無意跟著自己的偏見前進，而通常選擇支持本身主觀信念的數字。因此，有人從數字推斷我們面臨的問題跟一九一八年西班牙流感一樣嚴重，也有人相信沒什麼特別不尋常的事情發生。而這兩種對立的見解，背後其實都有「客觀資料」支撐。

坊間盛行的新冠病毒敘事，其數字傾向過分高估病毒的危險。而這個傾向也反映在這種敘事賴以建立的流行病學模型上。之所以選擇「封城」

策略，主要是參考倫敦帝國學院發展的模型。那些模型預估，如果沒有採取廣泛的措施來遏止疫情蔓延，到二〇二〇年五月底，全球將有四千萬人死亡。好幾位著名的研究人員，例如諾貝爾化學獎得主邁可．列維特（Michael Levitt）、醫學統計學界的傳奇人物約翰．伊安尼迪斯（John Ioannidis），都激烈抗議。他們指出帝國學院的模型是建立於錯誤的假設上，且過分高估病毒的危險。

至二〇二〇年五月底，事態完全明朗：這些批評家是對的。任何國家，不論封城與否，都離模型預估的死亡數字很遠。瑞典或許是最有趣的例子。依據帝國學院的模型，若不進行封城，到五月底就會死八萬人，而這件事當然沒有發生。瑞典的死亡人數是六千。而要達到六千這個數字，還需要採取前述「熱心」的計數方法。否則，數字可能低得多。

有趣的是，你會以為一旦事實證明，公眾敘事和措施所基於的模型毫無疑問是錯的，那些敘事和措施就會進行調整（在這個例子就是改採較寬鬆的措施）。結果這種事情沒有發生。公共衛生官員和大眾都沒有走回頭路。有某件事情致使社會集體繼續做出同樣瘋狂的反應，好像在表現某種迫切的心理需求似的。我們將在第六章討論這個心理現象。

基本資料——感染數、住院數、死亡數——的可靠程度有限，也對其他流行病學的統計產生影響。感染致死率（infection fatality rate，IFR）、病例致死率（case fatality rate，CFR）、死亡率、陽性率和再生基數（reproduction number）——這些都是以這些基本數字為基礎。如果這些數字差了二十倍，以這些數字為基礎的統計數據也會差二十倍。換句話說，因為有那些縮寫、算到四位小數的數值，以及表述疫情蔓延過程的數學模型，流行病學統計的論述聽起來很複雜、看起來很厲害，但那多半是很厲害地展現了假準確性和偽客觀性。

▼

有些人會反駁，主張數字不可能永無止盡相對下去。某些時候，數字的確可以開放討論，但有些事情是無庸置疑的，比如確切證明病毒危不危險和措施有沒有用的事情——你不這麼認為嗎？

例如，加護病房明顯被 COVID-19 病患塞爆了，不是嗎？是這樣沒錯。但我們怎麼詮釋那個事實，又是另一回事了。與其說那表示 COVID-19 極度危險，加護病房超載似乎更是過去數十年來兩股趨勢對撞的結果：一、一大部分人口產生病毒性肺病嚴重症狀的可能性急遽升高（尤其是肥胖和糖尿病患）；二、加護病房病床數系統性減少。有風險的病患數向上攀升，加護病床數持續降低，這兩股趨勢遲早會交叉。事實上，早在新冠病毒爆發前好幾年，交叉就發生了。例如，最近幾次流感傳播期間，加護病房都人滿為患，也造成治療和程序延誤。

因此，醫院的負荷可以詮釋為病毒構成嚴重威脅的證據，但也可以詮釋為管理不善（病床數銳減）的表徵，或健康衰退（肥胖和糖尿病盛行）的結果，甚至是防疫措施本身的結果（也就是焦慮民眾湧入、身心失調激增）。詮釋不同，需要採取的政策便天差地遠。

還有一個值得注意的事實：儘管加護病房容量有限是採用激進且（從經濟及心理觀點來看）極具毀滅性措施的首要理由，但在危機期間，卻沒有增設加護病床。連試都沒試過。一如個人，社會似乎也從他們的心理症狀獲得若干「疾病的收益」，因此轉向維持那些症狀。

另外，與COVID-19相關的嚴重肺炎症狀，似乎可以中止有關資料的討論。那些症狀幾乎毫無疑問是真的。但它們比普通流感嚴重多少，卻難以評判。以往流感病患很少做肺部掃描，使兩者難以比較。而在真正做了比較的例子，結果有時出乎意料。二〇二〇年底發表的一份研究，蒐集了全球各地稀有的流感病患肺部掃描，與COVID-19病患的肺部掃描比較。研究推斷兩者沒有顯著差異，很難說這項研究是否呈現出準確的全貌。自「再現危機」後（請參見第一章），我們知道我們已不能理所當然地認定哪一項研究是審慎進行，或其結果呈現準確的全貌。另外，根據醫療人員和病患的證詞，新冠病毒很可能對肺部有特別惡劣的影響。

第三個常被視為可證明COVID-19非常嚴重的不可搖撼的證據，是超額死亡（excess mortality）[21]。關於感染、住院和死亡等數字也許主觀，但到頭來我們只要查一下新冠危機期間的死亡數是否多於前幾年，便知真假。可惜，這固然看似最客觀的測量方式，但這些資料也帶有不可忽略的主觀性質。誠如根特大學（Ghent University）心理學家及統計學家艾爾斯．歐姆斯（Els Ooms）指出，超額死亡也可能有多種計算方式。例如光是參考期間（reference period，死亡率跟哪一段時間相比）不同，就可能在判定超額死亡上造成顯著差異。

而在蒐集超額死亡的資料後，還有一個更困難的任務：詮釋這些資料。超額死亡不見得是感染病毒而死的指標。那也可能是各種緩解措施本身造成附帶損害的結果（降低免疫力、延誤治療、自殺、憂鬱、成癮、貧窮、飢餓等等），甚至可能是治療的結果。例如二〇二〇年，荷蘭住宿式照顧機構裡就有數千名老者死於封城期間的孤寂和忽視。德國亦有研究指出，第一波疫情期間，加護病房裡的高死亡率約有一半是大量插管（通氣／呼吸輔助）所致。很難說這些數字是否完全正確，但我們確實知道醫院在二〇二〇年中因效果適得其反而撤銷了這種流程。我們必須問自己一個重要的問題：若根據這些因素調整，COVID-19 病死率的圖表會變成什麼樣子？

下面這句話可能是這場危機最令人為難的真相：相當程度上，這場在大眾媒體如此戲劇化的不幸，是我們咎由自取；補救措施本身成了問題重要的環節。疫情爆發之初，二〇二〇年三月，我在一篇社論中寫道，真正的危險所引發的恐懼有限，但在任何情況，恐懼本身都會創造出真正的危險。對長者實施徹底隔離、對加護病房患者使用侵入性通氣，或許就是最好的例子。

疫苗或許也屬於同一類，世界各地都決定施打一種研究程度有限的疫苗。（至少關於其作用的研究遠不如其他疫苗徹底，研究時間也短得多。）在這裡，我們也看到數字引發許多問題，包括作用和副作用。主流敘事描繪了一幅無比正面的畫面，但從龐大的資料流中，我們同樣很容易就能選出數字來描繪無比負面的畫面。有誰在媒體上聽過這項哈佛大學研究：疫苗接種率高與接種率低的國家之間，疫情的進展沒有差異？又有誰在媒體上聽過這

21 譯註：指一段時間內死亡人數與預期死亡人數的差額。

項研究：注射疫苗的孕婦，流產率比一般孕婦高八倍？我們不確定這些研究畫的圖是否精確。但我們也不知道那些在媒體呈現、鞏固新冠病毒主流敘事的數字，能否畫出精確的圖。是故事創造出數字，而非反過來。這就是問題所在。

▼

就這樣，我們不知不覺來到數值性防疫對策的另一個缺陷：那基本上對措施的附帶損害視而不見，就算那也是重要因素。坊間幾乎找不到任何關於延誤治療、自殺、疫苗接種、糧食不安全和經濟崩潰受害者人數的公開資料和統計數據。有鑑於從危機爆發之初，就不時有科學論文和新聞稿指明那些危機，這點格外引人側目。在第一次封城開始時，樂施會（Oxfam）、世界衛生組織（WHO）和聯合國都警告，在發展中國家因封城導致營養不良和飢餓而死的人數，可能超過可歸因於病毒的死亡人數——在最壞的狀況，甚至比完全不採取措施更糟。

同樣值得注意的漠視，也出現在建立來描述危機進程的數學模型裡。從來沒有建立過哪個數學模型，既表現有多少人可能受病毒危害，也表現有多少人可能受防疫措施危害。當建立其中一些模型的專家在英國下議院作證期間被問到他們的模型為何未納入措施的附帶損害，他們老實得令人放心──答說，這超出他們做為流行病學家的專業。量化和吸引大眾注意附帶損害不是他們的職責。這不僅凸顯了專家和專業模型的局限，我們也可以在其中找出明顯的心理盲點。於是我們看到，整個社會竟可完全忽視這個醫學上無疑最基本的問題：我們確定治療不會比疾病更糟嗎？我們將在第六章看到，這種注意力範疇的窄化，是集體重塑社會心理過程的一大效應。

另外，世人花在評估嚴厲防疫措施成效的心力，也少得出奇。而只要投入關注，無不凸顯數字的詮釋絕非毫無疑義。瑞典（不同於幾乎所有西歐國家，瑞典選擇不封城，而採取普遍較溫和的措施）或許就是最好的例子。首先，主流媒體比較了瑞典和比利時、荷蘭等國的死亡人數。瑞典的罹難人數較少，因此，名嘴斷言嚴厲措施看似徒勞。然後他們開始比較瑞典和鄰國挪威及芬蘭，以為挪威及芬蘭已實行「正常」、較嚴格的措施。瑞典的死亡人數超過挪威及芬蘭的兩倍，因此名嘴又斷定嚴厲措施其實有用。隨後，一項研究發表，指出挪威和芬蘭的措施遭到誤判：那些其實比瑞典實行的措施更寬鬆。所以結論再次轉向：嚴格的措施終究無用。這會不會成為最後的結論，尚不得而知，但可以肯定的是，又一次，數字可輕易調整來配合相反的故事。

美國國內的比較也帶給我們一樣的難題。比較結果，實施最嚴格措施的二十五個州和實施最寬鬆措施的二十五個州之間，新冠病毒受害者的絕對人數幾乎沒有差異。但約莫同時，最嚴厲十個州與最寬鬆十個州之間的比較，確實顯現出差別：有利於最嚴厲的州。媒體報導毫不猶豫地將那些數字做有利於主流敘事的解讀。如果某個州實施較少措施，卻有較少人病死，媒體十之八九會歸因於外部因素（例如氣候或人口稀少）。是那個州運氣好。如果某個州實施嚴格措施卻有多人病死，那也會歸咎於外部因素。是那個州倒楣透頂，遭遇病毒異常猛烈的攻擊。但如果某個州沒厲行什麼措施而有多人病死，那就是它咎由自取了。它該採取更多措施的！而如果某個州實施嚴格措施而較少人身亡，那就是果決帶給他們的效益。換句話說，不管事情如何演變，在主流敘事裡，主流敘事永遠是對的。

除了各國之間的比較，也有針對實行各種措施的各種感染曲線分析：戴口罩、社交距離、封城、推行疫苗接種計畫等等。當諸如此類的分析是由主流敘事支持者提出，分析通常顯示曲線會立刻回應措施：一經實行，感染即應聲下降。然而，同樣的分析若是由批判防疫的研究人員提出，通常會斷定那些措施不會影響曲線。

也許你認為這些僅適用於充斥大眾媒體的資訊，不適用於高品質的科學期刊？哎呀。不論是涉及病毒的起源（蝙蝠或實驗室）、羥氯奎寧（hydroxychloroquine）的效力、疫苗的（副）作用、口罩的實用性、PCR檢測的有效性、學童間的傳播力、或瑞典措施的效力，科學研究都衍生出最分歧且互相矛盾的結論。

德國哲學家維爾納·海森堡因提出「不確定性原理」獲頒諾貝爾獎——

「問題不在於我們現在還不確定；重點是我們永遠無法確定」——但我們不喜歡這樣。如果資料尚無法提供確定性，我們就會蒐集更多。就這樣，做為社會的我們被一連串無窮盡的數字迷惑，而永遠到達不了真正重要的事：公開辯論該用哪種主觀和意識形態架構詮釋數字。是意識形態層次沒說出口的緊張、恐懼和意見不合阻止數字安定下來，致使社會兩極化。真正該問的問題落在意識形態層次。例如：我們是要把人當成必須用科技監控、藥物調節的生化機器，還是要在與「他者」及自然永恆語言的神秘共鳴中尋找目的地的生物呢？

▼

有人相信數字是客觀的，而這一章一開始就舉了幾個例子挑戰這種天真的信念。英國海岸線測量的例子（見八十八頁，圖4.1）顯示測量永遠是相對的，取決於所使用的測量單位；辛普森悖論證明就連簡單、精確的數字也可以產生相反的詮釋。這句話適用於這些簡單的數字，更別說是在新冠危機中，數字的群魔亂舞了：人人都可以挑選符合本身偏見的數字，人人都可以用支持主觀意識形態虛構的方法加以解讀。「數字代表事實」這個難以抗拒的錯覺，讓人們愈來愈堅信他們自己的虛構就是現實。

在這場危機中使用的數字讓我們幾乎渾然不覺，我們因應的其實不全是事實，反而更多是圍繞事實建構的故事。編出那些故事的，有真心竭盡所能鼎力相助的醫療人員、有不想見到家人受苦的人、有想要做出正確決策的政治人物、有想要盡可能提供客觀資訊的學者。然而，也有受到輿論壓力覺得不得不果斷行動的政治人物、已失去掌控權而見到奪回主導機會的領導人、必須掩蓋無知的專家、意欲一展權威的學者、人類偏好歇斯底里和戲劇性的生性、聞到鈔票味道的藥商、靠聳動報導維生的媒體、還有意識形態——相信技術官僚極權制度是我們這個時代許多看似無解問題的唯一解決方案。

主觀性對於建構和詮釋數字的影響是如此強大，就連專業上應力求客觀的科學家也淪入魔掌。例如眾所皆知心理治療研究的成果，通常會反映研究人員的主觀偏好。精神分析師一般會從這種研究推斷精神分析是最有效的專業，行為治療師斷定行為治療是最好的治療，系統治療師則會觀察出系統治療（systemic therapy）更合適。這常稱作**期望效應**（allegiance effect）——研究者忠於特定理論所產生的作用。而必須說清楚的是：這種效應也顯現在控制嚴謹的實驗型研究，也顯現在其他科學領域，例如醫藥的效力。

最有趣的是，這種效應多半是在研究者不自覺中顯現。就像沒帶地圖或指南針上路的登山客，他們兜了一圈，回到起點：自己的主觀偏見。這當然是嚴重的問題，因為科學的目標就是要做出客觀評估，並排除主觀偏好對所得結論的影響啊。

研究人員怎麼可能淪入主觀偏見的魔掌呢？從下列問題或許可見端倪：每一個研究流程都需要做無數的選擇，而怎麼做選擇並沒有嚴格的邏輯基礎。我要用哪些測量工具？要怎麼詮釋測量結果？資料有缺該怎麼處理？諸如此類。從如此廣泛的可能性，研究人員下意識地選擇了能確保結果合他們心意的選項。

狂熱地相信測量與數字的客觀性——也就是典型的機械論意識形態，不僅毫無根據，也非常危險。這會讓主觀偏誤與數字「相輔相成」：偏誤愈強，就愈容易選擇確認偏誤無誤的數字。而數字愈確認偏誤無誤，偏誤就變得愈強大。應用在新冠危機上：一個充滿恐懼、惶惶不安的社會，從數不盡的數字中挑選確認恐懼其來有自的數字。被選出的數字加深了恐懼。

結果，民眾做出過大的反應，導致這些後果接踵而至：從經濟的觀點來看，有經濟衰退和無數公司及小企業破產；從社會的觀點，人與人的（身體）連結永久受損；從心理學的觀點，恐懼和憂鬱變本加厲；還有，沒錯，從身體的觀點，飽受壓力的心理和社交困境造成免疫力及身體健康崩潰（見第十章）。而我們或許還可以補充：從政治的觀點來看，極權國家興起。的確，如果你相信你自己的主觀虛構是現實，你會認為你的現實比別人的虛構優越。於是，我們開始相信我們的虛構可以用任何手段強加在別人身上。

這一章一開始，我們描述了機械論意識形態以建立這麼一個技術官僚社會為目標：以「客觀」的量化資訊管理，主觀喜好與權力濫用消弭殆盡的社會。但在這一章結尾，我們的結論是，天真相信數字是客觀的，會導致完全相反的結果。主流意識形態反覆在大眾媒體灌輸確認主流敘事無誤的數字，營造出一個大多為虛構的現實，讓多數人口堅定地信以為真。民眾對現實的認知一再由數字決定，而幾個月後，那些數字證明都是相對的，有時明顯有誤，甚至是騙人的。但在此同時，那些數字卻一再用來強制實行影響最深遠的措施，不顧所有基本人性準則；非主流的聲音被擠滿「事實查核員」的「真理部」污名化；言論自由被審查和自我審查閹割；人民的自決權遭到強硬的疫苗計畫侵犯，而那硬是把難以想像的社會排斥和隔離強加於社會之上。

圍繞新冠危機的論述，顯現的特徵與導致二十世紀極權主義政權崛起的論述如出一轍：過度使用數字和統計數據，而那些數值「徹底蔑視事實」、模糊事實與虛構的界線、表現出對意識形態的狂熱信仰——不惜為欺騙和操控辯護、最終逾越所有道德界線。我們將在第六章和第七章詳盡描述這些特徵。但在第五章，我們將先探討，一個社會竟會如此緊抱著這種對數字的幻覺，究竟是具備哪些條件。我們將看到，遁入虛假的安全感是心理無法處理不確定和風險的邏輯結果，而這種無能為力已在社會累積數十年，甚至數百年了。

CHAPTER 5 馬首是瞻

前面幾章，我們討論過科學是如何從心胸開闊向教條和盲目的信念傾斜（第一章）；它的實際應用如何使人們相互隔離，也脫離自然（第二章）；它像追求烏托邦一般追求人工和受理性掌控的宇宙，如何等同於生命本質的毀滅（第三章）；它相信世界是客觀且可以測量，又是如何導致荒謬的專斷和主觀（第四章）。在這一章，我們將討論科學另一項偉大抱負的命運——將人從焦慮不安及道德戒律和禁令中釋放出來。

數千年來的宗教論述，利用人心對於地獄和天譴的不理性恐懼，使人類的靈魂變得陰鬱。受苦和疾病是神的懲罰，生老病死是必須接受的命運，肉體的歡愉蒙上罪惡的恥辱，社會被乖戾的戒律和禁令掐得窒息。

在十七世紀某個時候，人類智慧之星赫然出現天際。人開始往外面看；

在他的理性之眼前面，神或魔鬼都沒有露臉。宗教論述灌輸的恐懼，被宣告為毫無根據；人不再有任何理由接受神職人員強加給社會的社會契約。人開始探索身邊的世界、研究人體和疾病、受苦的原因。人不再甘於接受這種人類境況——那必須改進。三百年來，一種活力充沛的樂觀盛行於世。人類境況是可以變愉快的。疾病和受苦，是可以透過人類智慧的力量消除的。

人們宣稱，要引領社會往正確的方向前進，過去的戒律和禁令是多餘且不必要的。道德愈來愈寬鬆的結果，人最後和先前被視為威脅的肉體欲望言歸於好。任何違逆宗教論述的事物，無須再接受嚴厲審查。言論自由變成基本權利，教育日漸普及，法律協助成為眾人權利，愛情剝去了結婚生子的義務，性恢復地位，它和罪惡、墮落的連結就此解開。

然而，不知怎地，這個過程卻掉頭，往反方向前進了。人類智識的理想化反倒加深了對疾病和痛苦的恐懼，人際關係更籠罩著不確定和混亂。古老的戒律和禁令最終被密密麻麻的規定和規範，以及一種新的、超嚴格的道德觀取代。我們可以怎麼從心理學的角度來了解這種情況呢？

不論我們對人體機械層面的知識增加了多少，不論我們花了多少錢在醫療上（在西歐國家，這輕易超過國民生產毛額的10％），對疾病和痛苦的恐懼一點也沒有消失。近年來的頭條新聞讓人無處置疑：用電動腳踏車載青少年上學是不負責任的做法；不建議大熱天在河裡或池塘游泳，因為有細菌感染的風險；口交可能導致喉癌；握手非常危險，因為會傳播病毒；還有，沒錯，就連坐在會吸菸但現在沒在抽的人旁邊，都可能對你的健康有害。有源源不絕的媒體報導，印證二十一世紀的人類生活是如何受到生怕身體遭遇不測的恐懼宰制，以上只是其中幾例。

痛苦當然令人不快，但史上曾有好幾段時期，人類對痛苦的恢復力比較強。十七世紀，當耶穌會士為了逼迫美洲原住民改宗基督，不惜把他們綁在火刑柱上燒死時，傳教士備受挫折地發現，原住民完全不為所動。後來，原住民自己建議其他遠比那更痛苦的酷刑手法。「為什麼老是上火刑柱？」他們這樣問傳教士。

不只是想到身體受苦這件事變得更難以忍受，人們也愈來愈不能承受風險。前一百多年大肆蔓延的保險狂熱或許是最好的例證。那在十九、二十世紀意外險和火險逐漸確立且制度化時，有個好的開始。然後那拓展到壽險、住院醫療險、旅遊險和取消險，最後什麼都能保。今天，不只樹木、植物、貓狗能投保，足球名將C羅（Christiano Ronaldo）的腿、女星珍妮佛・洛佩茲（Jennifer Lopez）的臀、泰勒絲（Taylor Swift）的胸、茱莉亞・羅勃茲（Julia Roberts）的笑，和搖滾歌手大衛・李・羅斯（David Lee Roth）的精子，都已投保高達數百萬美元的損害險。更別說心碎險、隕石衝擊險，還有被妖魔鬼怪外星人綁架造成的損害賠償。所以你應該不會意外：現在，你也可以幫你的保險保險了（倫敦勞合社〔Lloyd's of London〕即為一例）。

然而，拚命避免任何風險是會產生損失的，而且不只是白付保險費而已。照說是要消弭痛苦的醫療干預，逐漸成為絕望本身的源頭。精神藥物、止痛藥和其他藥品廣為消費，已導致數千萬人成癮和無數人死亡。癌症和其他疾病的篩檢不僅本身有害，也會帶來更多沒必要且有害的干預，例如不必要的乳房切除和化療的副作用。另外，干預性醫療也可能讓生活變得貧瘠而不人道。因應COVID-19的措施就是個好例子：瘋狂地避免感染，反而使發展中國家因延誤治療、家庭暴力、心理絕望和糧食不安全而受苦的人數節節攀升。換句話說，發狂般試圖避免任何危險的舉動，已反過來變得十分危險。

這種拚命試著掌控人生的效應，不僅給我們的身體健康帶來衝擊。那也嚴重危害到我們的個人自由和權利。例如二十一世紀初的反恐戰爭就嚴重侵害了隱私權。事實上，這只是社會持續努力控制和隔離「危險分子」的一部分行動而已。啟蒙運動的傳統已在無意間促成傅柯所謂的「大監禁」（le grand renfermement），愈來愈多「危險」群體遭到禁錮。十九世紀，這「只」對精神病患、娼妓和罪犯產生影響；二十一世紀，那影響了每一件事，每一個人。動物因為禽流感被關進籠子，全球人口因為冠狀病毒被軟禁在家。人和動物對彼此太危險了——都是潛在的疾病傳播者，不能放出來亂跑。

社會的恐懼感和不安全感日益增加，造成兩種心理現象：自戀，以及我所謂的**管制狂熱**（regulation mania）。為了解這個關聯性，我們需要再說一段發展心理學。我們將從解釋人類不安全感和自戀之間的關係說起。

第三章，我們在討論數位和「真實」對話之間的差異時，描述了嬰兒是如何透過早期的身體語言交流產生和母親共生的共鳴，並藉此實現與「他者」交融的原始渴望。然而，在這個早期的天堂裡，卻缺少了一樣東西。在某種意義上，這個孩子尚不是以獨立「心理存有」（psychological being）的姿態存在。在生命的前幾個月，在他可以認出鏡子裡的那個東西是自己之前，孩子無法對自己的身體形成心像（mental-visual image）。因此，他不知道他的身體到哪裡結束，周遭世界從哪裡開始，於是他認為自己的感覺不是只位於自己的身體，也存在於身邊眾人和物品（萬物有靈〔animism〕）。一個具體的例子：當他的手臂被戳了一下，他不會看他的手臂，因為他不知道痛感位在那裡。反之亦然：孩子覺得別人的感覺也直接位於他自己的身體。例如當他看著別人挨打的時候，他臉上會表現出同樣的扭曲，他也會哭得好像是自己被打一樣（移轉作用〔transitivism〕）。

隨著這種共生但也雜亂的經驗逐漸累積，孩子必須在心理掌握什麼位於他存在的核心：他必須透過與母親形象的互動找出自己需要做些什麼，才能確定得到她的呵護和親密。在這一點，人類和幼小動物的比較相當有趣。幼小的哺乳動物也仰賴母親，也試著設法得到她的照顧。但人類的孩子有一個關鍵的心理差異，而那位於溝通系統的層面。

一隻動物會透過交換訊號來和其他動物建立聯繫。那些訊號——通常是叫喊、姿勢、運動——與其參照標準有確立的連結。某一種訊號代表危險，某一種代表前面有食物，還有其他訊號代表可以交配、屈從或優越等等。無論某個動物訊號系統是單純或複雜，無論掌握那個系統的能力是與生俱來或透過學習代代相傳，動物通常感覺那些訊號毫無疑義、不證自明。訊號的交流可能在某些情況導致激烈的戰鬥——例如雄性刺魚一旦腹部變紅、暗示想要繁殖，便會引發雄魚之間的戰鬥——但通常不會形成反覆不斷的懷疑或不確定。

人類的情況就不一樣了，人類的溝通充滿含糊、誤解和懷疑。這和下面這點關係密切：人類語言的訊號——更正確的說法是象徵，可能指涉無限多種事情，取決於脈絡。例如，「陽」這個聲像在「陽光」這個音串中指涉的東西，跟在「洋相」這個音串完全不同。因此，每個字都需要配上另一個字（或字串）才能取得意義，然而，那另一個字也需要再一個字才能取得意義，以此類推。我們永遠缺少一個字來確切掌握詞語的意義。因此，要做為理性的系統——詞語需要放進這樣的系統才能照公理取得意義——語言有個天生無法彌補的缺憾。這馬上說明了，為什麼就連幫保險買保險也無法讓人脫離語言的不確定性。

這會對人際互動造成直接的影響。身為人類，我們永遠無法毫無疑義地傳達我們的訊息，他人也永遠無法判定訊息的確切意義。還不只如此：我們甚至不真的明白我們自己的訊息。我們從來不真的知道我們想要說什麼，因為我們的思想也是靠詞語運作，而在那個層次，也永遠少了一個字。那就是我們那麼常詞窮，那麼常說不出心裡真正想說的話，那麼常感覺說了不是真的想說的話，或和我們真正想表達的意思略有不同的原因。動物世界裡沒有這樣的跡象：動物的交流行為沒有顯現出這樣的猶豫和結巴。

我們常認為人類與動物不同之處在於有更豐富的知識和察覺，但其實最根本的差異是，不同於動物，我們時不時就因缺乏知識備受折磨。因此，人類生命的核心問題，與他在「他者」心目中的地位有關的問題，始終無法獲得明確的答案。「他者」對我有何想法？他愛我嗎？他覺得我有吸引力嗎？我對她別具意義嗎？「他者」對我有何期待？他想從我這裡得到什麼？每一個人都會遭遇這些問題，更進一步說，全體人類存在都會受到這些問題吸引。動物世界沒有任何跡象暗示這種情況：你不會見到哪隻動物坐在沙發上擔心牠的生命意義，或是那對其他動物的意義。

多少有點令人驚訝的是，這種人類象徵世界的不明確，是從人類生命之初就開始運作，雖然那時語言才剛萌生，尚未有指涉對象。傑出的法國發展心理學家亨利．瓦隆（Henri Wallon）指出，從一開始，你就會在和照顧者互動的孩子臉上看到其他動物臉上看不到的神情。當新生兒注視和模仿母親的臉部表情時，他的臉已經會表露出細微的疑問的情感，彷彿在這生命的初始階段，他已經感受到「他者」的形式語言裡缺少什麼了。

因此，不同於幼小的動物，人類的孩子是處於對母親的訊息深深不確定的狀態。而這讓嬰兒難以在心理上掌控她。她想從我這裡得到什麼？我該做什麼才能讓她過來我身邊？就算心智系統在生命最初幾個月可能尚無明顯成長，這些問題的確在那時就已產生。這解釋了孩童發育方面一個最引人好奇的現象。在六到九個月大前後，孩子第一次在鏡子裡認出自己——通常是母親熱情地指著鏡中影像時。這現象本身不是人類獨有：海豚和較高等的猿猴也能毫無問題地認出自己。然而，如同達爾文所發現，人類孩子認出自己時，還伴隨著一種在其他動物身上並未出現的狀況：孩子樂不可支。

其他動物認出鏡子裡的自己完全無動於衷，人怎麼會那麼開心呢？不同於動物，人類的孩子從呱呱墜地的那一刻就沉浸在象徵的世界裡，卻始終捉摸不住，因而不時受緊張所苦。這尤其適用於這個最核心的問題：我媽要我做什麼？當他親眼看見母親滿懷熱情指著的鏡像，與他的一舉一動不謀而合，那種緊張頓時煙消雲散。這個鏡像馬上告訴孩子他是誰，需要是誰才能成為母親渴望的對象。鏡子裡的影像似乎突然具體地給了他語言從來無法提供的答案：對「他者」而言，我就是它。這種經驗就是自戀經驗的原型。那帶給孩子太強烈的印象，使有些人在往後人生仍執迷地尋找類似經驗，以便避開人際關係中的欠缺感和不安全感。

然而，這種經驗也是要付出代價的，包括關係與個人方面。為避免潛在的不安全感重現，孩子必須跟其他每一個也吸引母親（後來換成戀愛對象）關注的人較勁：只有一個人可以是母親的對象。一個人愈是選擇透過認同鏡像來壓制不安全感，就愈需要表現得比別人好、輕視別人，甚至摧毀別人——基本上，也就失去愈多人性。

另外，這種非人化也因這個事實變本加厲：與本身鏡像的一體感，會減損同理的能力。這種一體感第一次為孩子提供他自己全身的視覺圖像。這個全身像讓孩子得以第一次繞著身體畫出界線（嚴格來說是心理的界線）。這某種程度上是建立穩定的自我（Ego）架構所必需。沒有這個形象，孩子就無法在心理感受自己為一個整體（a unit）。然而在過度自戀的狀況，主體和「他者」之間的心理視覺界線變得太濃厚、太明顯，使主體的心理被鎖在這種自我形象之中。接下來，這種視覺自我形象會源源不絕地吸引心理的能量和關注，使「他者」的形象不會再於心理經驗「亮起來」。於是，人不再對他人或世界感覺類同，不再產生同理心。換句話說，過度自戀會損害同理心。那一旦削弱了一個人與他人和世界產生共鳴的能力，就會使那個人變得寂寞而孤立。

我們從這條推理線推斷，過度投入鏡像，即是過度補償人類語言在人際關係產生的不確定。但這種走極端的過度補償，永遠是謬誤的方案。人試著藉此確定自己與「他者」共生，最後卻在心理上脫離「他者」，甚至毀滅「他者」。也會導致自我毀滅。要想像這點，以具體視覺的方式最好：所有蘊藏在心理系統裡的能量都被吸走，投注於身體表面——也就是投注於身體的視覺圖像。過度注重外表的人常在心理治療過程表示感覺「空洞」，絕非巧合。

最近數十年，我們已經見到，除了恐懼和不安與日俱增，自戀也愈益普遍。「我們的社會愈來愈注重理想的表象」這句話已成陳腔濫調，但話中確實有明白無誤的真理。為仿效社會理想而「矯正」身體的整形手術，數量正迅速增加；類固醇和高蛋白飲品的銷售也大幅成長，以強迫身體機器達到視覺理想的狀態；自拍構成（反）社交行為技能組合的要件；房屋和花園都像極了居家裝潢雜誌的擺拍照；廣告和告示牌展現著汽車、髮型、服飾的理想風格。本質上，這股趨勢可歸結為對種種虛假的視覺「對策」日益迷戀，以便消弭人際關係中無法可解的不確定。在此同時，我們自然也見到與過度投入理想表象有關的心理現象急遽增加：寂寞、內在空虛、與他人爭得你死我活（俗稱「老鼠賽跑」〔rat race〕）後心力交瘁的感受。

▼

除了自戀，還有第二種社會現象和恐懼及不安增加直接相關：「規定」

大幅增加，有時被稱為「regulitis」（拉丁文，規則之意）。我們可以很簡單地用前文描述過的發展心理學來探討這股管制狂熱。

認識自己的鏡像確保孩子在心理上能夠標定自己和周遭世界的（身體）界線。要到這時，孩子的心理才開始有外在物體存在。這導致語言的功能開始轉變。詞語現在開始指涉外在物體（開始具有指涉功能），由此取得意義。之前的情況並非如此。在此「鏡子時刻」之前，孩子的表達主要是身體的、本能的「行動」：表達身體的感覺來實現與「他者」的共生共鳴。

詞語取得意義的那一刻，與「他者」的關係就提升到另一層次。現在孩子開始著魔般試著了解對方使用哪些詞語來表達渴望。「好」究竟是什麼意思呢？我必須做些什麼才是「勇敢的女孩」呢？簡單地說，他想要明白，必須遵循哪些規則才能被愛。某些時候，這會化為對規則的需求；不管某個規則定義得多好，那仍然太不清楚，需要進一步補充。而既然規則賴以建立的詞語，唯有靠其他詞語才能取得意義，孩子便開始對每一個詞語的意義感到好奇。

到了大約三歲半的時候，這種對詞語意義的執迷來到俗稱「為什麼」階段的高潮。在這個階段，孩子無止盡地提出「為什麼」的問題。「這為什麼是驢子？」「因為他咿喔咿喔叫。」「他為什麼要咿喔咿喔叫？」「因為他生氣了。」「他為什麼要生氣？」打破砂鍋問到底。在這個階段，孩子也認為爸媽是無所不知的大師，而雖然孩子有時會極端固執、不肯就範，他還是要求爸媽擔任這個角色。他必須知道一切，如果爸媽無法確定自己要什麼，孩子就不知如何滿足他的欲望。孩子就是在這裡面臨人類原始的不安全感，且突然被人類原始的恐懼侵襲：「他者」（主要是母親）不愛他、拋下他不管了。

孩子嘗試讓規則明確無疑的舉動注定失敗，因為，還是那句話——人類的語言始終無法取得確切的意義。孩子愈是堅持不懈地想透過問爸媽問題來讓規則明確無疑，就愈無可避免迷失在複雜、矛盾的解釋中。這種情況在有強迫傾向的孩子身上尤其明顯，他們最後會近乎全然壓抑自己，陷入對精神完美的無止境追求、落入愈來愈大的困境。我們後面會看到，孩子最終會接受這個觀念而不再需索規則、獲得自由：與欲望有關的問題，不存在確切的答案。而這同時需要他們放棄「成為『他者』的對象」這種帶自戀性質的努力（這階段的「他者」通常是母親）。

▼

這種發展心理學也可應用在社會層面。我們很難視而不見的是，社會也隨著規定無止境的擴散而愈來愈動彈不得。一方面，這樣的規定是政治施加，另一方面，也是民眾本身要求更多規定——超嚴格的道德規範。一如自戀，這也是在發狂般試圖遏制恐懼和不安在人際關係裡奔騰。

這的確是個驚人的現象：從二十一世紀開始，一種新的道德觀已經從啟蒙思想的肚子裡冒出來，而那在好些方面比啟蒙運動試圖消滅、使個人脫離禁錮的舊有宗教道德規範更嚴格、更光怪陸離、更不理性、更偽善。自覺醒文化興起，社會就淪入內隱和外顯的規定掌控，使人類互動的每一個細節變得更危機四伏。在 #MeToo 運動後，學生要學習怎麼合於法律和規範地調情；新人入會式受到愈來愈嚴格的規範限制；瑞典立法規定唯有當事人事先簽署合約表示同意，性行為才合法；法蘭德斯名家繪畫中的裸體肖像不得張貼在社群媒體上；Netflix實施規定約束員工之間的視線接觸不得超過五秒，且員工未事先徵詢許可，不得詢問彼此的手機號碼（！）。新規範甚至嚴厲到，就連暗示男人和女人有生理差異，都可能被視為侵犯性完整（sexual integrity）。

「黑人的命也是命」運動（The Black Lives Matter）也趕上這股趨勢。針對種族歧視制定的標準愈來愈詳盡、愈來愈周延，但這股愈演愈烈的趨勢不見成效：要克服種族歧視涉及的自戀優越感，這類規範能有所貢獻的機會恐怕相當渺茫。

氣候運動也催生出一種新的犯罪類型：環境。環保意識形態已極端到連使用燒木炭的爐子、吃肉、或在鄉下過不接水電的生活，都被視為危害環境的地步，實已違背它「回歸自然」的初衷。至於哪些做法叫危害環境，卻多少有點選擇性，標準也鬆緊不一。例如，降低個人碳足跡之事走向極端，對於使用網路和比特幣「挖礦」的能源消耗卻十分寬大（前者和全球所有空中交通加起來一樣高，後者和西歐國家的平均耗能一樣高）。開採電動車電池所用礦產所製造的環境傷害，也很少人討論。環境運動曾是多元的聲音，但隨著它轉向「生態現代主義」（ecomodernism），它顯然也融入主流的機械論意識形態了。

這種對於管制的狂熱，在公共空間也俯拾皆是。我在根特大學的辦公室望向一個重要十字路口。過去二十年來，我看著路口從只有稀疏幾條白線的廣大柏油路面，變成一幅有各種線條和彩色區域的鑲嵌畫，標示自行車騎士、行人和車輛可以走哪裡、不能走哪裡，外加愈來愈多的交通標誌和號誌。而不只是十字路口。在火車站，你得買票才能上廁所、黃色方塊標示吸菸者可以在哪裡放縱一下他們危險的菸癮，而你也只能在某個畫了框框的付費停車格臨停一段時間。新冠危機期間，這種現象達到它一時的高峰，地板上、樓梯上有無數支箭頭指示該走哪裡、往哪個方向，無數句標語提醒你必須戴口罩，節慶和文化盛會中有無數個由防護欄區隔成的空間阻止一個泡泡接觸另一個泡泡，電影院的椅子上有無數個紅綠圓點告訴你可以坐哪裡，不能坐哪裡。這些規定廢除的時刻一延再延，事實上，如果照現行防疫政策擁護者的意思走，那一刻永遠不會來臨。的確，有鑑於一隻「普通」的流感病毒就可能導致數十萬人死亡，未來當然有充分的理由採取類似措施。

另外，密密麻麻的規定之所以生龍活虎，也是為了回應林林總總因地而異的威脅。新冠病毒威脅期間，各市市長可以自行調整轄區內的規定。那些規定也會隨時間改變。遇上大雷雨、恐怖行動和病毒肆虐，它們可以輕易在綠碼、黃碼、橘碼、紅碼之間轉換。久而久之，這些規定變得鉅細靡遺到令人哭笑不得。二〇二〇年夏天，官方規定婚禮可以跳開場舞，但不能跳波蘭舞曲（polonaise）。冠狀病毒顯然很懂跳舞。事實證明遵守那些規定是不可能的任務，就連能幹的主管機關也陷入無助的迷惘。在二〇二〇年第二波封城的某個時間點，比利時衛生部網站宣布，非同居的伴侶可以拜訪彼此，但警方仍開單處罰這麼做的人。

這種「新道德觀」揭露的問題具正當性。性別歧視和種族歧視是文化衰退的症狀；人必須愛護自然（或氣候），否則就會無可挽回地毀掉它，而與新冠病毒受害者（以及公衛防疫措施的受害者）團結一致，也是人性的證據。但這不代表提出的對策具正當性。它們在很多方面過度干涉、前後矛盾、適得其反。依據 #MeToo 的論述，不得體的調情與強暴之間的界線模糊；依據黑人的命也是命的論述，提到膚色都要戰戰兢兢如履薄冰；氣候運動讓人更疏遠自然；而隨著新冠危機爆發，醫療保健變成在攻擊生命與自由。另外，如同佛洛伊德指出，「新道德觀」的壓制性質反倒火上加油，使「被壓抑者的反彈」（return of the repressed）加劇：二〇一五年到二〇二〇年，在社群媒體使用性別歧視語言的次數倍增，種族歧視和脅迫語言更是增至三倍。儘管我們一定要對數字和統計資料持保留態度，這種反效果不可不察。

這種新道德觀也執行得愈來愈積極，政府和民眾本身皆然。對言論自由、新聞自由、藝術自由和基本自決的支持，正以令人擔憂的速度降低：J. K. 羅琳（J. K. Rowling）對於用「有月經的人」代替「女性」的「覺醒」說法嗤之以鼻，結果大遭撻伐（到她的住家慘遭騷擾的地步）；德國保險業者希望每一輛新車都要裝「酒精鎖」；《紐約時報》社論編輯因刊登右翼政治人物撰寫有關喬治・佛洛伊德（George Floyd）[22]之死的專欄而被開除；在澳洲，一名男子因為在COVID-19篩陽（其實很可能是偽陽反應）後不遵守強制隔離規定而被宣布為全民公敵，且被軍警追捕。

▼

你可能還不相信這些過頭、荒謬、不一致的規定是當代社會的特色。過去真的沒管那麼多嗎？過去的規定沒那麼荒謬嗎？猶太教的六一三條誡律（《哈拉卡》〔*halacha*〕）已存在數千年。那規定了正統派猶太人的生活到枝微末節。猶太人本身常率先承認那有時難以用邏輯理解。除了有邏輯基礎的規則（「典章篇」〔mishpatim〕），也有延續人與永恆之間的連結、無法用邏輯理解的內容（「律例篇」〔chukim〕，包括飲食規定和割禮）。

22 譯註：佛洛伊德為非裔美國人，二〇二〇年五月被三名警員濫用職權、暴力執法致死。

原住民族也盛行各種常規。圖騰部落社會常維繫一套複雜的行為規範、戒律和禁忌系統，大大剝奪了日常生活的自發性。諸如武器和服飾等特定物品，不得在特定情況觸碰；禁止食用特定食物（包括身上有圖騰的獸肉）；甚至不得跟蹤特定足跡（例如利波島〔Leper Island〕上的原住民，兄妹和姊弟就要避開彼此的腳印）。而與浪漫修正主義描繪的部落社會相反，野地裡並沒有自由戀愛和性愛這回事。例如在某些澳洲原住民間，某特定部落可能自古分為十二個氏族。某一氏族的族人只准和其他三個氏族的成員發生隨意和長期的性關係。因此，對一個男人來說，有四分之三的女性是事先就知道的禁忌。違反規定的男性和女性會雙雙被處死。新南威爾斯的塔塔錫部落（Ta-Ta-thi）有稍微溫和一點的歷史。他們會殺掉男生，女生則「只會」被毆打，然後釘在尖樁上，直到她奄奄一息為止。

宗教、原住民和現代律法制度之間的比較遠超過本書討論範圍，但無庸置疑的是，差異確實存在。例如一般來說，宗教和原住民的律法是絕對至上且相對清楚的。另一個重要的差異是：那些也很穩定。現行的現代法律制度則不然。它們瞬息萬變且無法預測。假如你今天在根特買了一部車，很可能明年你的新車就因為不符歐盟標準而不得進入其他城市了。而且，規定的數量與日俱增。資料顯示，世人也相應投入愈來愈多時間心力在制定、遵守和實施各式各樣的規定上。政治層面，我們看到管制狂熱如何透過官僚愈益龐雜的政府體制愈發熾烈，先是十九世紀末的帝國主義（殖民主義合理的延續；殖民主義的本質還不是官僚政治），接著是二十世紀上半葉的幫派式極權主義（納粹和奉行史達林主義的政府），再來就是二十一世紀初逐漸興起的技術官僚極權政府。這些政府制度的特色都是愈來愈複雜且荒謬的管制。

管制的變化也反映在十九、二十世紀大幅增加的行政工作上。一八四〇到二〇一〇年間，行政、管理和服務的工作從總工作數的20%增至80%。美國大學的行政職在三十年內增加超過一倍。而且不只是行政職務的數量如此，行政業務的數量也在增加，尤其是本質上跟行政管理沒什麼關係的職業。不論店主、農人、教師，現在都得面臨愈來愈多的規範，也被迫花愈來愈多時間在行政業務上。

這股管制狂熱儘管誇張又荒謬，卻無疑可歸因於我們這個時代的心理困擾。許許多多規則蘊含的矛盾和歧義營造出「巴夫洛夫的狗」（dog-of-Pavlov）的神經效應[23]，而那過度干預的性質奪走了人生的滿意、自發和愉悅。獨立自主的空間愈來愈小。例如乍看下，歐洲道路上俗稱的「拉鏈規則」（zipper rule，要求車輛在車道縮減前最後一刻再匯入）有利無弊，但那其實會造成微妙的心理損害。強制最後一刻匯入既剝奪個人選擇，也剝奪了一種微小但有力的人類交流的可能性——一個人選擇禮讓的情境。駕駛不再有自發性寬厚行事的選擇，因為他被迫這麼做了。這可能看來無足輕重，但實非如此。就是這種人與人邂逅的片刻，由內而外滋養了社會連結。沒有這些片刻，社會結構便會萎縮，於是，社會瓦解成一群鬆散的原子化個體，只是時間早晚的問題。

規則過量引發的窒息效應，在規則突然消失時最顯著，比如你抵達法國某個小村落，而街上沒畫白線告訴你車該開在哪裡、停在哪裡的時候。你可以停在路邊，不用付錢，愛停多久就停多久。或是來到鄉下火車站，你不必在停車場的收費器投幣，廁所免費使用，月台隨時可以進出。這或許會讓你聯想到辦公室裡冷氣機的嗡嗡作響。你白天一直沒有注意到那對你有什麼影響，直到傍晚六點它突然消失，你享受到幸福平靜的時刻。

過度管制通常是在我們不知不覺中逐步發展。也通常是在我們不知不覺中發揮它的窒息作用。而管制機器每一次調得更高，我們就又失去一些身為活生生人類的生存空間。那形成一種惡性循環：為了減輕社會空間裡的不安與挫折，我們制定出更多規則、協定和程序。而後這些規定導致更多不適與挫折，我們又祭出更多規定來因應。這塊管制布料每一次織得更緊一點，人類吸到的氧氣就又少一分。如果這股朝著超管理社會邁進的趨勢持續下去，自殺人數增多將是合乎邏輯的結果。安樂死的機器——你可以在個人包廂裡用氦氣毫無痛

23 譯註：「條件反射」，巴夫洛夫透過實驗讓狗對於「能吃到食物」和「鈴鐺的聲響」產生連結，一聽到鈴鐺的聲音就會不由自主流下口水。

苦地解除生命，將是機械思維最終的結果。

彰顯於政府官僚的管制狂熱，試著透過將社會互動壓入預先製好的模板來讓它們合乎理性及邏輯。在這方面，理想的官僚跟電腦一模一樣：嚴格遵守本身系統的邏輯，不被他們「協助」民眾的個體性「擾亂」。正因如此，官僚制度引發的挫折也跟電腦一模一樣：我們面對的是機械的「他者」，那絕對不會對我們身為人類的個體性作出反應。一部電腦不會是一個不公平、不公正的「他者」；它是強加冷酷邏輯的「他者」。就算我們得趕赴五分鐘後的會議、急需再印一份報告也不打緊——電腦不會更善解人意，不會寬大為懷（「電腦說不」[24]）。在這方面，電腦就像理想的極權主義領袖：他嚴厲無情地強加他的邏輯於大眾身上。我們將在第二部分詳盡討論這點。

▼

這就是為什麼自戀與管制狂熱都是為解決語言帶給人際關係的不確定和

恐懼而生的謬誤對策。它們導致社會孤立，終至自我毀滅。但它們也是實際的對策。且讓我們最後一次回到發展心理學。

我們已經來到「為什麼」的階段，也就是孩子不斷問爸媽（有時會問身邊所有大人）「為什麼」的時期。反覆詢問的結果，孩子終於開始察覺到一件重要的事：如果他繼續問「為什麼」，爸媽最後必須承認他們所知有限。對多數孩子來說，認定爸媽無所不知、無所不能的信仰，就在這個階段結束。繼在鏡子裡認出自己後，這是心理發展的第二次革命。

從那時候起，孩子憑直覺明白，就連他心目中的權威也無法充分理解詞語的意義，而那股不確定始終無法消退。在那個節骨眼，有兩種可能的反應：恐懼，或創造力。取決於恐懼主宰的程度，孩子可能堅持自戀，也可能渴望規則。但明白不可避免之事，也會開啟另一種可能性：既然沒有人確切知道

24 譯註：「電腦說不」（"Computers says no"）是二〇〇四年英國電視喜劇《小不列顛》（*Little Britain*）劇中人比爾（Beer）常說的口頭禪，後成為流行語。

詞語的意義——什麼叫「好」、何謂「勇敢的女孩」等等——孩子可以跳脫爸媽的論述，為這些問題提出他自己有創意的答案，進而開始實現他自己獨特的方式來過他的人生。

一方面，孩子必須把握機會，在那個冒出來的空間發揮創造力來自我實現。另一方面，爸媽也在這個過程扮演重要角色。他們可以肯定並一點一滴地支持孩子賦予生命意義和自己做選擇的努力。或者，他們可以用明顯或比較隱晦的方式試著維護自己無所不知的地位，並繼續代表孩子做選擇。在第一個例子，通往個體性的道路可能會比較平順。第二個例子，則有相當高的機率遇到危機和暴風雨。很難預測最後哪一種腳本會產生最具獨創性的成果。

在了解「父母之神」的話語不完全正確後，孩子也開始對於一種本來就不打算完全正確的論述，萌生出敏感性：小說和詩歌。在這個時期，孩子主要渴望爸媽和祖父母的故事：兼具事實與虛構（Dichtung und wahrheit），提供孩子身分認同的基礎，以及行為準則（「我們家的人都很有禮貌，努力工作，喜歡吃吃喝喝」）。在心理上，這些準則和他以往依賴的嚴格規矩截然不同：

這些是寬鬆的指導原則，需要孩子在他遭遇的每一個新處境忠實但有彈性地遵守。正是這些原則讓孩子不再強烈渴望規則。

寬鬆地使用語言和詞語，不再以明確地指定意義為目標，孩子便得以在這個獨特的情境重新發掘事物，也發現自己。在繞了好大一圈，於鏡像階段和理性萌生時期習得自我形象後，孩子在故事和詩歌中找回生命最初幾個月母親天堂的回音和氣味。

因此，要回應人類境況的根本不確定性，透過從邏輯／理性轉變成喚起／創意的語言使用來建立個體性，是第三種可能的方式。這與落入無理性不同（我們將在第九章詳盡討論這點）。而相較於自戀和管制狂熱，這種有創造力的行動，才能真正化解人際關係與人類存在與生俱有的不確定性。那連結了人與「他者」，促成與（所愛）對象的共鳴，而非心理隔離和（自我）毀滅。在此同時，這也饒富創意地實現了個體性以及心理上的獨立自主。

讓我們暫且回到本章一開始就問過自己的幾個問題。啟蒙運動的傳統是怎麼造成更多恐懼與不安全感，進而招致超嚴格的道德規範呢？它原本的目標不是恰恰相反嗎？前面勾勒的發展心理學梗概提供相當簡單的答案。啟蒙運動傳統，即理性意識形態，不斷試著把人生擠進邏輯和理論之中。那將所有象徵主義、神秘主義、虛構和詩歌列為次要。但正是這種話語讓我們能夠運用創意和個體性來回應人生的不確定，並找出與「他者」共鳴的語言。

這就是不確定如何轉變成恐懼，而要對抗那種恐懼，唯一可用的心理工具是自戀和不斷蔓延的管制論述。用第二種做法來「化解」恐懼在這裡尤其重要。我們愈是努力透過理性和規則來消弭恐懼和不確定，就愈容易撞上失敗。還記得我們怎麼解釋語言結構的嗎：最後一個詞語並不存在——沒有哪一個詞語可以祛除不確定、帶來最後的解答。不論從邏輯（從發展的角度，如本章所討論）和歷史（後續幾章會見到）來看，原本渴望自由的人類正是在這個時間點轉向截然相反的事物：自稱擁有「結論」（即「最後一個詞語」）的專制大師——極權領導者。

這為諸如 #MeToo、黑人的命也是命、氣候運動和新冠危機等社會現象，提供了不同的視角。它們與真正的問題相關，但那些問題不是這些現象存在的真實理由。這些現象主要是因此而起：民眾迫切需要一個權威機構提供指導來減輕他們肩上自由的負擔，以及與此有關的不安全感。而政府急欲填補這個空缺。它開始一點一滴限制個人的選擇自由，幫個人做選擇：它課徵菸草稅、糖稅、肥胖稅；它決定人民該怎麼追求健康和免疫力（沒打疫苗不准進入公共或工作場所）；它規定你進行 COVID-19 隔離時可以攝取多少酒精（澳洲規定一天可飲六罐啤酒）；它禁止公共場所出現宗教符號，卻讓它本身意識形態的符號變成強制性規定（不掃 QR Code，門不會開）。最後，個人連為自己人生做決定的權利都喪失了。當病人透露自殺的念頭，治療師就面臨繼續搭配（collocation）的壓力；自殺在任何情況都不被允許。然而，如果政府同意，你卻可以精神痛苦為由，得到安樂死的許可。換句話說，從現在開始，是政府決定你什麼時候可以死。政府的教育和訓練功能一天比一天複雜，因此，高效率的制度變得必不可少。起初，社會信用體系（social credit system）看來只有在共產極權的中國才可能實行，但澳洲正準備推行類似的系統，而比利時幾個自治市已經使用自己的虛擬貨幣，你可以用「模範行為」去賺。（我想，會有某位非民選產生的技術官僚定義那是什麼意思。）我們該擔心這裡的人民，萬一積了太多壞點數，就會像中國人民一樣，依照歐威爾式的電腦演算法，送進「再教育」營嗎？不講人情但詭計多端的政府機構已經預期，頑皮的孩子會要求一些個體性的空間，於是它預先解除民眾武裝，鞏固政府對暴力的壟斷。

最終，極權領導人的寶座不可能永遠穩如泰山，因為，雖然他有誇大不實的信心和意識形態的狂熱，他也受限於語言的結構。他只能假裝擁有「最後一個詞語」。最後一個詞語在詩歌、小說、象徵主義的響亮空間——也就是承認語言並不完備的空間，令人難以捉摸地漂浮著。仍想賴在專制大師寶座上的人一定會出現謬誤和不一致，最後只好公然撒謊和欺騙。我們已經在

第一章和第四章談科學發生的危機時討論過這個現象，但我們在公共論述層次也見到它發生。

過度追求透明和矯枉過正也往另一個方向傾斜，也就是虛假和欺騙。只要看看媒體報導就知道：政府給的優良產品標籤時常靠不住；政府禁用殺蟲劑，卻又派官員去向農民解釋如何規避可能驗出殺蟲劑的檢驗（伊莎貝爾・薩波塔〔Isabelle Saporta〕的《葡萄酒產業》〔*Vino Business*〕一書有貼切的描述）；你購買軟體保護隱私的加密公司，原來是政府特勤部門所有。就連讓醫療更透明、更正確的作為（二十一世紀政府的優先政策之一），結果也適得其反。電子病歷未經病患同意就被集體分享，這些資料還可能被「駭入」（芬蘭數萬份病歷就被駭了），且保險經紀人可以查詢。

▼

這就是理性主義的生活方式如何使人無法有效地管理恐懼和不確定感：

自戀和管制狂熱反使它們看似能解決的問題變本加厲，使人民心理耗竭而渴望一位專制大師。人民自相矛盾地根據主流的人類觀與世界觀，在機械論的意識形態中尋找那位大師——而那正是當初引發問題的意識形態。也是這種意識形態以它對事物的嚴密掌控誘惑人心，且看似擁有得到數字與統計資料支持的事實。而一旦人民陷入這種境況——心生恐懼、社會原子化、盼望指引和權威——便會成為最適合一種特定社會群體滋長的溫床。這個群體透過啟蒙運動和後來的事件嶄露頭角，而後形成極權國家的心理社會基石——群眾（the masses）。

PART 2

集體重塑與極權主義

CHAPTER 6 群眾的崛起

「啟蒙是人脫離他自己招致的監護。監護指人欠缺他人指導，就無法運用自身理解力的狀態……因此『勇於思考！鼓起勇氣運用你自己的理性！』就是啟蒙運動的格言。」

一七八四年，偉大的德國啟蒙哲學家康德用這番話總結了他所認為的啟蒙傳統。但一個半世紀後，卻出現一個駭人的現象：啟蒙運動導致與康德所展望完全相反的結果。「科學」催生出明顯荒謬的故事；人民卻盲信與狂熱地遵行，幾乎沒有批判性反省的能力，甚至達到徹底自我毀滅的地步。

在德國，一套由狂熱煽動家散播的種族理論，促使一大部分人口陷入一種奇妙的心理狀態。民眾開始指責在他看來並非無條件忠於德意志人和其領導人的親戚、朋友和同事；他們認同身體有缺陷的人類同胞該像害蟲一樣消滅；當元首認為長遠來看有必要汰除每一個有心肺問題的德國人；他們公然或暗地裡同意，對「劣等種族」進行工業化殲滅。

在俄羅斯，同樣「科學」的故事也引發同樣的狂熱入迷；整個「歷史唯物主義的進程」將聚焦於創造一個沒有私有財產、「無產階級」掌握權力的社會。這也需要相當程度的滅絕。一開始，這是按照特定「邏輯」進行；後來，人人隨機淪為犧牲品。數千萬人民被送去勞改，其中過半死亡。最後就連半數共產黨員也遭到清算，且多半毫無煽動叛亂或叛國的跡象。而最驚人的事情莫過於多數受害者完全沒有嘗試反駁那些莫須有的指控。他們甚至無異議地俯首認罪，甘願上絞刑台。

我們在二十世紀上半葉見到納粹和史達林主義崛起——一種全新的政體，通稱為**極權政府**。它與民主政體顯而易見的區別在於它是一黨專政，且漠視基本民主原則，例如言論自由和自決的權利。然而，極權國家和獨裁政體也有根本不同，包括結構上（內部組織）和動能上（過程導向的發展）。

漢娜·鄂蘭在不朽巨著《極權主義的起源》將此差異的本質歸於心理層次。獨裁政府基本上是以灌輸對身體攻擊的恐懼為基礎——人民被這種強烈的恐懼震懾，使獨裁者（或獨裁政權）能夠單方面強加社會契約——極權國家則是立基於**集體重塑**的社會心理過程。

我們必須考量這個過程才能了解極權主義人民令人震驚的幾項心理特質：個人願意為了成就集體而盲目地犧牲個人利益；徹底無法容忍不同的意見；偏執的「線民心性」允許政府滲透到私人生活的核心；莫名容易受到荒謬的偽科學灌輸和宣傳影響；盲目跟隨一種狹隘的邏輯超越所有道德界線（使極權主義和宗教不相容）；喪失所有多元性和創造力（使極權主義成為藝術文化的敵人）；以及與生俱來的自我毀滅性質（使極權體制最終無可避免地殲滅自己）。

分析極權主義的心理過程在二十一世紀格外重要。已經有數個跡象顯示一種新的（技術官僚）極權主義正在崛起：安全單位侵入性行動的次數呈指數成長（開啟郵件、搜尋ＩＴ系統、設置竊聽裝置、竊聽電話）；嚴密監控的社會全面發展；隱私權受到的壓力與日俱增（尤其是九一一事件以來）；

過去十年公民透過政府籌設的管道互相檢舉的人數顯著增加；言論審查和對不同意見的壓制與日俱增，特別是在新冠危機期間；基本民主原則獲得的支持逐漸流失；引進實驗性的疫苗計畫和 QR code 做為進入公共場所的條件等等。鄂蘭在一九五一年預期的那個時刻似乎迅速逼近：一種新的極權體制正在興起，不是以史達林和希特勒那樣的「主腦」為首，而是由乏味的政府官僚和技術官僚領導。

本書前五章，我描述了過去幾世紀，機械論世界觀的崛起如何把社會帶進一種特定的心理狀態。社會逐漸被一種狂熱的機械論意識形態掌握，而那退化成教條和盲目的信仰（第一章）；無意義的經驗和社會孤立穩健而迅速地增加（第二章）；對於人類存在與生俱來的問題，人民愈來愈寄望烏托邦式的技術解決方案（第三章）；公共空間逐漸被數字、資料和統計的偽科學論述支配，那些徹底模糊了科學事實與虛構之間的界線（第四章）；而瘟疫般的恐懼和不確定感讓人民嚮往專制權威（第五章）。在這一章，我將描述原本分裂的社會人口是怎麼從這裡突然經由集體重塑的過程團結一心。

群眾是一種特別的群體。它的顯著特徵是個體廣泛的「一致化」。在群眾裡面，每一個人都等同於另一個人，大家一起思考，也傾向認同相同的理想。一八九五年法國社會學及心理學家古斯塔夫・勒龐（Gustave Le Bon）[25]出版了探討集體重塑的最重要著作《烏合之眾》（*Psychologie des foules*），他主張，群眾裡的「個別靈魂」完全被「團體靈魂」取代。伴隨這種一致化而來是幾乎完全喪失理性思考和批判性反省的能力，甚至連「一般情況」下極其睿智且能做出有充分根據批判的人也不例外。連袂出現的還有屈服於衝動的強烈傾向，就算在一般情況下，那些衝動被認為極不道德。

人類存在多久，集體重塑就有多久，而且曾以許多不同面貌出現。歷史上的例子證明了這種多樣性：聖巴爾多祿茂之夜（St. Bartholomew's night）[26]是短暫的集體重塑，法國大革命是長期的集體重塑；史特拉斯堡的舞蹈瘟疫（dancing plague）[27]是完全沒有組織的群眾，我們在軍隊和教會看到的則是有組織的群眾；參與十字軍東征的是篤信宗教的群眾，二十和二十一世紀則有堅信偽科學的群眾；支持納粹和史達林主義的是龐大的群眾，在陪審團裡一再發生的是小規模的集體重塑。

最後一個例子，也就是在陪審團裡發生的集體重塑很有意思，因為它規模夠小，讓我們可以仔細探究。屢見不鮮，陪審團在最後裁決中似乎很少（或完全不會）受到抗辯論證品質的影響。就算律師的說詞完全基於事實且經過理性組織，也起不了什麼作用。陪審團幾乎只容易受到一再重複的單純情緒訊息和強烈視覺圖像（包括用圖表呈現的數字）影響。想想所有成功出庭律

25 編註：一八四一～一九三一，法國著名心理學家、社會學家，群體心理學的創始人，被後人譽為「群體社會的馬基雅維利」。

26 譯註：發生於一五七二年八月二十三日晚間（即聖巴爾多祿茂紀念日前夕）的宗教屠殺，主要是法國境內的天主教徒針對新教徒發動，估計死亡人數在一萬至七萬人之間。

27 譯註：指一五一八年七月至九月間，發生在神聖羅馬帝國史特拉斯堡的舞蹈狂熱案例。接連有多達四百人在街頭亂舞，直到力竭而死。該現象背後有許多理論，最多人支持的是約翰・沃勒（John Waller）提出之壓力引起的集體歇斯底里症。

師的例子：他們就是這樣研擬抗辯的。

群眾自遠古以來就存在了，但勒龐指出，從十九世紀開始，群眾穩定地增添動能。以往他們只會造成短暫的影響，會受到社會領導人限制和壓制，但在啟蒙運動期間和之後，他們逐漸成為政策制定方面的長期要角。這促使勒龐在一八九五年出言警告，群眾可能會完全控制社會，催生出一種新的治理形式。勒龐不缺預言天賦，因為這正是三十年後發生的事：二十世紀極權國家崛起。

▼

集體重塑為什麼會在這時加劇呢？如前幾章所討論，這是世界理性化、機械化效應的邏輯結果。愈來愈多人進入**社會原子化**狀態，而一旦人數超過某個臨界值，便會開啟集體重塑的過程。集體重塑是一種複雜的動態現象，或可拿水或氣體加熱時產生對流的方式作比方。起先，個別水分子的溫度上升，但分子還沒開始流動。然後，有微小的運動模式在局部發生，但迅速消失。再接下來，愈來愈大、愈來愈持久的模式發生了。最後，我們見到讓大部分的水永久運動的模式。就這樣，對流模式徹底改變個別水分子的行為，使它們進入全新的運動狀態。與此類似，集體重塑將個別人民帶入一種新的心理「運動狀態」。一如水和氣體的對流，這些模式一開始小且短命。後來，便會促使愈來愈大、愈來愈大的社會「體積」進行較長時間的運動。中世紀的集體重塑本質上主要是地域性且為時短暫；法國大革命集體重塑的規模就比較大，為時也稍久一些；史達林主義和納粹的集體重塑壯大、持久得多。而隨著新冠病毒危機爆發，史上第一次，全世界的人口都在一段漫長的時間裡受集體重塑支配。

▼

一個社會要發生大規模集體重塑，必須具備四項條件。這四項條件在納粹和史達林主義之前就已存在，現今也存在。我已經提過這些是機械論意識形態的後果。現在且容我再概述一次。

▼

第一項條件是全人口普遍的孤寂、社會孤立和缺乏社會連結。這種現象的崛起是啟蒙運動的特色，但今天已變本加厲到美國公共衛生總署署長維韋克・穆蒂（Vivek Murthy）開始稱之為「孤寂的疫情」（the loneliness epidemic），英國前首相德蕾莎・梅伊（Theresa May）更直接任命「孤獨大臣」（Minister of Loneliness）。對我的論點並非無足輕重的是，孤寂和使用社群媒體及通訊技術關係密切。（請回想我在第三章討論過的數位化對話效應。）這個問題在工業化國家最嚴重，因為工業化國家被機械論意識形態牢牢掌握。生活在這些國家的人民約有30%回說有長年的孤立和寂寞感受，而這個百分比年年增加。在此引用鄂蘭的一句話，她認為這個第一項條件最重要：「『群眾之人』的首要特徵不是蠻橫或畏縮，而是他感覺孤立，和欠缺正常社交關係。」

這種社會連結的退化衍生出第二項條件：缺乏人生意義。第二項條件主要是跟著第一項而來。人，身為優秀的社會動物，是為「他者」而活的。去除與「他者」的連結，他終將感覺自己的生命了無意義（不論他是否覺得他的孤寂與此有關）。例如，我在第二章敘述過工業化如何剝除了工作的意義：部分經由切斷生產者與供應對象之間的連結。另外，機械論的世界觀也以一種更直接的方式導致無意義：宇宙的機器，以及身陷其中的人類機器，沒有目的，也沒有意義地運作。物質粒子依照機械法則和彼此互動，但完全沒有任何意圖。只要透過這個稜鏡觀看生命——不論有沒有正當理由，都會使生命了無意義。「狗屁工作」（見第二章）或許就是最好的例證：二十一世紀的第二個十年，半數民眾反映他們的工作毫無意義可言。二〇一三年一項蓋洛普世界民意調查（Gallup World Poll）發現全世界只有13%的人真心投入他們的工作；有63%的人表示自己並未投入（他們「工作時如行屍走肉，或許投入時間，但對工作不抱熱情」）；還有24%心不在焉，也就是積極打擊同事士氣、消除同事的動力。這點至關重要。

第三項條件是無來由的焦慮（free-floating anxiety）和心理不安在民間大肆蔓延。不同於受縛於圖像（image-bound）的焦慮（例如害怕打雷、蛇、戰爭），無來由的焦慮不受限於圖像。這樣的焦慮在心理上難以管理，且不時有轉變成恐慌的風險，而恐慌或許是人類最痛恨的一種心理狀態。正因如此，處於這種狀態的人會企圖把自身的焦慮連上某個對象。無來由的焦慮可回溯到前兩項條件。一個已經失去與「他者」的連結，且感覺不到意義的人，通常會經歷難以名狀的不安和焦慮。這種狀況在二十一世紀以來無所不在。例如世界衛生組織報告，全球每五人就有一人被診斷患有焦慮症。這些數字已經夠驚人，若想到它們很可能被低估，又更令人咋舌。而一般精神痛苦的發生率，包括未診斷的案例，當然只會更高。這可以從精神藥物的龐大消耗（以及其他現象）推斷出來。在像比利時這種只有一千一百萬居民的蕞爾小國，每年可是要服用至少三億劑（！）的抗憂鬱藥物呢。

第四項條件也是跟著前三項而來：源源不絕的無來由挫折感和侵略性。社會孤立與易怒之間的連結合乎邏輯，也經實徵研究確立。因孤寂、欠缺意義和難以名狀的焦慮不安而心神不寧的人，一般會覺得愈來愈易怒、受挫且／或具侵略性，並尋找能發洩這些感覺的對象。過去十年社群媒體上種族歧視和威脅恐嚇的言論激增（二〇一五年至二〇二〇年間增加兩倍，見第五章）就是顯著的例子。會加快集體重塑速度的主要不是能有效發洩的挫折感和侵略性，而是人民潛在的侵略性找不到出口——還在尋找發洩的對象。

▼

這些條件究竟是怎麼造就集體重塑的呢？集體重塑的催化劑是公領域的暗示。如果，在前述條件俱足下，有一個帶暗示的故事在大眾媒體傳播，指出可投射焦慮的對象——例如史達林主義底下的貴族、納粹底下的猶太人、病毒、以及新冠危機期間的反疫苗者——同時提供處理那個焦慮對象的策略，那麼很有可能，所有無來由的焦慮將附著於那個對象，社會也將廣泛支持實行那個策略來掌控那個焦慮對象。

這個過程會產生一種心理效益。首先，先前像黑霧般蔓延社會的焦慮，現在既然連上特定的目標，也可以藉由故事所提出的策略進行心理掌控了。再來，經由公眾與「敵人」奮戰，瀕臨瓦解的社會重新取得凝聚力、能量和初步的意義。正因如此，這場對抗焦慮對象的戰鬥成為一種使命，充斥著情感訴求（pathos）和群體英雄氣概（例如比利時政府發動「一千一百萬大軍」與新冠病毒抗戰）。再接下來，在這場戰事中，所有潛伏的、不斷醞釀的挫折感和侵略性都被激發出來，尤其鎖定拒絕迎合那個故事和集體重塑的群體出氣。於是群眾如釋重負，備感滿足，自然不會輕言放手了。

經由這個過程，個人從社會孤立極度迴避、痛苦的心理狀態，轉向群眾間極大的相互關聯性。這營造出一種迷醉，而這正是配合集體塑造敘事的實際動力。在導致極權國家崛起的漫長集體重塑過程中，這種迷醉通常只是潛伏，但有時又會十分露骨地公然表現出來。不妨想想一群人在足球場裡大合唱，或齊呼口號的例子。個人的聲音融入全體壓倒性的共振聲音之中；個人感覺獲得群眾支持，也「承襲」了群眾共振的能量。大夥兒唱了什麼歌、歌詞是什麼，並不重要；重要的是歌是大夥兒一起唱的。相同的情況也存在於認知層次：一個人想些什麼並不重要；重要的是大夥兒一起思考。就這樣，群眾連最荒謬的想法也願意認可為真，或至少表現得彷彿那是真的一樣。

▼

集體重塑的本質相當於這句話：原本充斥個人主義和理性主義的社會突然向完全相反的狀況傾斜，向極端非理性的集體主義傾斜。套用尼采式古典派的說法：狄奧尼索斯（Dionysus）[28]一舉推翻阿波羅的獨裁統治，奪取社會權力。下面這句話也一目了然：就所有重大的集體重塑而言，加入集體重塑

28 譯註：古希臘的酒神，象徵古希臘人的欲望，會使人沉浸在酒後的狂歡與宣洩之中。

的主要理由是與集體團結一致。而拒絕參與的人一般會被指控缺乏團結與公民責任。這就是故事裡的荒謬元素對群眾並不重要的原因之一：群眾相信故事不是因為那是正確的，而是因為那創造了新的社會連結。

處理焦慮對象的策略會徹底實現儀式的目的。儀式行為的功能是創造團體的凝聚力。這是一種象徵性的行為，為的是讓個人受團體約束。因此，理想上，儀式行為的實際用途愈少愈好，且必須要求個人犧牲。想想原始社會拿食物、動物乃至人獻祭的例子吧。那就是為什麼就算防疫措施那麼荒謬，也沒有遭遇民眾反抗。某種意義上，那些措施愈荒謬、愈苛刻，就愈能履行儀式的功能，某部分的人口也會更熱情地迎合。例如，想想就算車裡只有駕駛一個人，他開車也得戴口罩的例子吧。

自古以來，群眾行為的儀式功能始終存在。新冠病毒危機中的專家一定多少明白這點。有時，他們會不小心說溜嘴，提及那些措施其實沒什麼實際效用。二〇二〇年三月，一位病毒專家在比利時國家電視台指出，封城幾乎無法減少死亡人數；二〇二〇年八月，一位病毒專家表示口罩主要是起象徵作用；二〇二〇年十月，比利時衛生部長針對關閉酒吧和餐廳說了一樣的話（暗示有無數人民的生計因各種象徵性理由而遭殃）。訊息十分明確：個人必須隨時做出象徵性（儀式性）的自毀行為來證明他服從集體的利益。

歸根結柢，個人參與集體重塑的理由很少，甚至從來不是出於理性。專家用炫目的標題、通常在國家電視台宣傳實行某種策略的理由，讓那種策略看來像是已廣獲接納的既定措施。對很多人來說，這便足以證明措施是正確的：「專家當然知道他們在幹什麼。」「他們當然不可能全部出錯。」「假如不是真的，他們應該就不會這樣說吧？」諸如此類。換句話說，從古時候就知道是邏輯謬誤的「訴諸群眾」（argumentum ad populum）和訴諸權威（argumentum ad auctoritatum），現在卻足以讓人民相信故事。每一件事情，你都覺得贊同故事、遵從故事的根本動機是群體塑造和群眾壓力，而非故事正確無誤。

所羅門．阿希（Solomon Asch）[29]所進行的著名從眾實驗以極具說服力的方式證明集體重塑會對個人判斷造成巨大衝擊。阿希是在二次世界大戰過後不久進行這項實驗，目的是為了解納粹和史達林主義時而荒誕的理論是如何牢牢抓住民眾，並試著洞悉集體重塑和極權主義的心理學秘辛。

請仔細看看圖6.1。線段A、B、C之中哪一條和線段1一樣長呢？這就是阿希問從眾實驗參與者的問題。受試者每八人一組，但其中七人是阿希的內應，他教他們毫不遲疑地回答「線段B」，連眼睛也不眨一下。第八名參與者，也就是唯一真正的受試著，多半會給出和前面七人一樣的答案。只有25%堅持就連盲人也看得到的：跟線段1一樣長的不是線段B，而是C。實驗過後，有些受試者表示他們確實知道答案，但不敢違逆團體。更有趣的是，也有受試者承認在同儕壓力下，他們開始懷疑自己的判斷，以致接受荒謬的團體判斷為真。

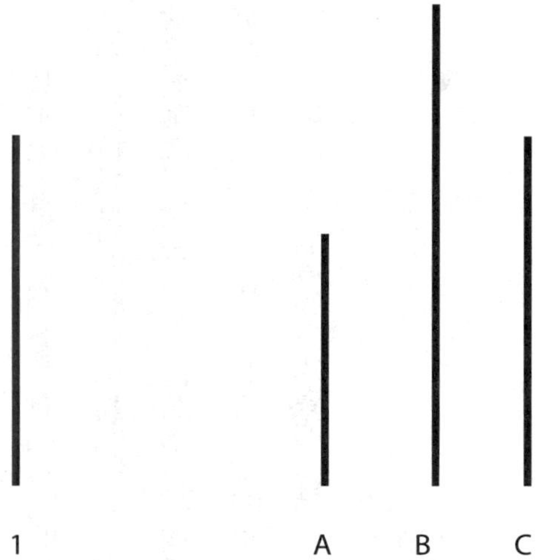

圖 6.1

集體重塑的過程一定有這三群人存在。一定有一群人主導集體重塑，且「相信」故事（這群人組成人口的極權化部分）；第二群人不真的相信，但保持沉默，隨波逐流（或起碼不表示反對）；第三群人不相信集體重塑的故事，也以言語或行動表達反對。這三群人通常和所有既已存在的社會群體

29 譯註：一九〇七～一九九六，出生在俄羅斯帝國統治下的華沙，後移民美國，為舉世聞名的心理學家和社會學家，於一九五〇年代進行從眾實驗。

都有交集。這情況在史上大規模的集體重塑案例屢見不鮮，在新冠危機期間也顯而易見。危機一爆發，新的社會「陣營」便像閃電一般冒出來，且橫跨所有原已存在的陣營——人民要嘛贊同病毒的故事，要嘛不認同。政治左翼或右翼，膚色、社會地位、職業、嗜好：這些界線都模糊了。唯一重要的是人們對病毒的看法。

基本上，這三個團體都有相當高的多樣性，但基於特定理由，這種多樣性在大聲抗議群眾的團體中最為顯著。在群眾本身，多樣性在典型的群眾一致化效應底下消失無蹤（群眾讓所有個體都跟別人一樣），而沉默的中間團體無論如何都不突出，一般唯有第三群人，不順從的團體會變得活躍，而所有個體都以自己獨特的方式表述己見，這便鮮明地凸顯其多樣性。

▼

如勒龐在一八九五年指出，集體重塑的效應和催眠相仿。催眠和集體重塑主要是由名副其實的「聲音」發動——透過聲音的物理振動特性。極權領導人很清楚這點——有時是憑直覺，有時是後來意識到。極權體制向來首要是靠有系統的灌輸和宣傳維繫，日日夜夜透過大眾媒體注入民眾心裡（沒有大眾媒體，便不可能造就催生出史達林主義和納粹的那類長期集體重塑）。藉此，人民會名副其實被保持在極權領導人聲音的振動頻率上。

一方面，人民被有計畫地暴露於極權領導人的聲音。另一方面，其他每一種聲音都被有系統地消除。極權領導人要做的第一件事就是確定他們的聲音是碩果僅存的聲音。某種程度上，這也是古典派獨裁者的做法，不過他們將壟斷限制於公共領域的發言。他們會要政治反對派禁聲。極權體制則以更徹底的方式運作。他們也審查私領域的不同聲音。一方面，這會「自動」發生，因為一種偏執的告密心性會伴隨集體重塑而至（集體重塑其實就是不容異己的結果，我們會在之後討論）。另一方面，極權主義也會透過引發廣泛的社會分裂和孤立來刪除私領域的不同意見。極權體制讓人民幾乎不可能集結成較大的團體，且致力切斷所有社會和家人的聯繫，而以這個唯一被允許的連結取而代之：個人與極權體制（也就是集體）的連結。在蘇聯，這個過程執行得遠比納粹德國有系統；這就是為什麼蘇聯的極權化過程比納粹持續更久，影響也更深遠。

回到催眠和集體重塑的雷同之處：在這兩件事，都有暗示性的敘述或暗示性的故事（由一個聲音傳達）使眾人聚焦在一個範圍極小的現實層面。這和燈泡散發的光圈類似，那會形成焦點，使光圈外的一切消失於黑暗中（見圖 6.2）。除了集體行為的儀式功能，注意力範圍的限縮也是確保邏輯導向荒謬結論的要素。

例如，在新冠危機中，我們見到注意力範圍以這種方式限縮：比起 COVID-19 的直接受害者，受到防疫措施危害的人——例如封城期間在養護中心因身心遭忽視而過世的人、治療延誤的非 COVID-19 病患、家庭暴力受害者、受疫苗副作用影響的人等等——就幾乎沒有得到關注，或起碼在決策過程中未獲重視。另外，同樣令人驚異的一點是：這些受害者的附帶損害或許偶爾有被提到，卻很少，甚至沒有以數字做視覺呈現。

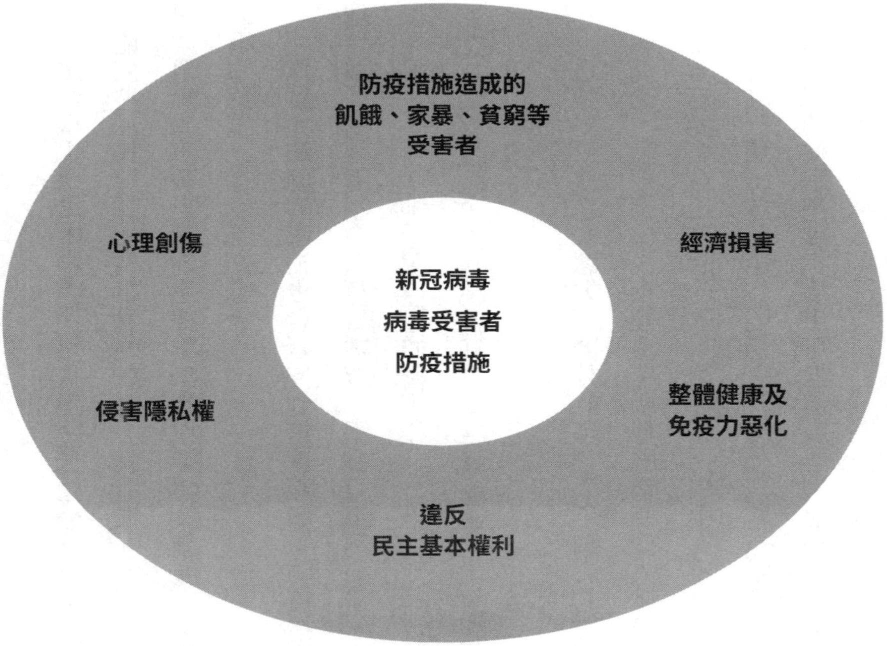
防疫措施造成的
飢餓、家暴、貧窮等
受害者
心理創傷
經濟損害
新冠病毒
病毒受害者
防疫措施
侵害隱私權
整體健康及
免疫力惡化
違反
民主基本權利

圖 6.2

這點很重要是因為，如我在第四章描述過的，用數字和圖表呈現的內容，會產生被（誤）認知為事實的效應。就這樣，集體重塑的心理過程似乎能確保大眾媒體不假思索地選擇讓集體重塑繼續發展——使用圖表做為唯一支持故事的資訊。

注意力範圍的限縮也會延伸到情感範疇：防疫措施的受害者得到極少同理。這些受害者不會有每日數據，不會有案例描述，不會有親人的證詞被媒體報導。不妨仔細想想這位病毒學家的說法：那個死於俗稱「封城趴」（zero pity）的男孩「完全不值得同情。」這些受害者都落在光圈外面，包括認知與情感的光圈。

這種對於落在注意力範圍外的苦難漠不關心的態度，不應與一般的利己主義混淆。勒龐指出，集體重塑和催眠會使個人徹底忽略本身的私利，甚至忽視自己的痛苦。催眠的故事讓注意力集中在現實的一個小面向，以至於面向之外的一切，包括個人的痛苦，以及範圍更廣的個人利益，都不會被察覺。藉由簡單的催眠療程，病患可能被麻醉到能夠無痛進行外科微創手術（見第十章）。與此類似，在新冠危機期間，廣大人口輕而易舉地接受會毀壞他們生活環境、自由和繁榮的措施。

這絕對是最令二十世紀極權主義編年史家震驚的觀察心得：人民對於自己蒙受的巨大損害，可近乎無限地容忍。例如，極權化的德國人由衷感謝希特勒擬定了萬一「偉大使命」失敗的B計畫：讓每一個德國公民進毒氣室優雅地死去。

集體重塑的現象不僅會對認知和情感層次造成深刻的衝擊，有時也會影響感官知覺。在某些情況，集體幻覺會在集體重塑的影響下產生，而這種現象考驗著現代心理學的理解力。歷史上知名的一例是一整支十字軍部隊親眼見到聖貴格利（Saint Gregory）[30]出現在耶路撒冷城的壁壘上。另一個比較近期的例子是一批海軍陸戰隊員全部見到一艘木筏的人快要溺死，且以同樣的說法詳盡描述。仔細察看，那不過是一些枝條加幾許海草。集體重塑對人類

30 譯註：又譯為格利高里，出生於西元大約二一三年，死於大約二七〇～二七五年。基督教早期教父、亞歷山卓主教，被天主教和東正教冊封為聖人，時代與十一世紀末的十字軍東征明顯不同。

心智功能的影響近乎無限。那會強烈衝擊個人對現實的體驗，強烈到我們可以這樣問：對一個受集體重塑掌控的個人來說，在群眾創造的現實之外，還有其他現實嗎？

▼

我們必須給集體重塑難解的心理特性再添增一項重要的特徵：極端無法容忍其他意見，與強烈的專制傾向。對群眾而言，異議看起來（一）反社會且不團結，因為異議拒絕參與集體重塑所創造的團結；（二）毫無根據，因為在群眾狹窄的注意力範圍裡，批判性的論點在認知或情感方面都沒有重量；（三）極惹人厭，因為異議有可能破壞迷醉，使群眾再次面對集體重塑前的負面情境（缺乏社會連結與意義、有難以名狀的恐懼和不安）；（四）極令人受挫，因為異議有可能移除潛伏的侵略性好不容易找到的出口。

這種極端不容異己，讓群眾深信自己的倫理道德目的高人一等，因此有資格譴責抗拒他們的一切人事物：凡不加入者，皆為集體之叛徒。於是密告如家常便飯；民眾本身就是秘密警察的最大分部。再結合第四項要素——集體重塑提供無限發洩挫折與侵略性的機會，這創造出一種著名的現象：群眾傾向對抗拒者施暴，且一般會處死，彷彿那是一種合乎道德的責任。史上著名的例子包括十字軍和納粹分別秉持「以神之名」（Deus lo volt）和「主與我們同在」（Got mit uns）犯下暴行；布爾什維克（Bolshevik）相信最終的正義要靠殺盡羅曼諾夫王室（Romanov）和其他無產階級的敵人才能實現；法國大革命期間有一名屠夫拿刀割斷手無寸鐵（且無辜）的巴士底監獄（Bastille）典獄長的喉嚨，還以此索求勳章；法國大革命的「九月革命者」認真盡責地確保所有公民都能密切監視教士和貴族之處決。

據勒龐的說法，專制威權與不容異己是集體重塑的基本特徵。我們也見到集體重塑的特徵，在冠狀病毒侵襲的社會中浮現。隨著危機愈演愈烈，主流論述便以愈來愈專制的方式增強勢力，並以愈來愈激進的手法審查和壓抑不同的聲音。不符合主流敘事的言論就算已經在諸如《刺胳針》（*The*

Lancet）等頂尖醫學期刊發表過，仍被社群媒體封鎖；批判防疫措施的醫師和研究員被其機構開除；二〇二一年初，比利時醫師協會（Belgian Order of Physicians）發布一項規定：任何對疫苗效力及安全性表示懷疑的醫生，將被禁止執業；從二〇二一年十一月起，民眾不掃 QR code 就不得進入餐廳、酒吧和其他許多場所等等。這是群眾團結與愛的連結之間的根本差異：前者總會犧牲特定團體，後者則不然。

CHAPTER 7
群眾的領導人

在前一章，我把集體重塑（極權主義的心理基礎）的現象描述成一種催眠形式。然而，集體重塑和傳統催眠（classical hypnosis）有個重要的差異。傳統催眠中，唯有被催眠的那個人的意識範圍限縮了；傳達催眠故事的那個人（催眠師）是「清醒」的。集體重塑則不同；傳達故事的人通常也受故事支配。事實上，這個人的注意力範圍通常比群眾還要狹隘。原因相當明確：領導人通常狂熱地相信掌控群眾的那個敘事的意識形態基礎。（而非敘事本身！）

關於領導人，集體重塑催生出兩種截然相反的態度：要嘛盲目地信任領導人（然後消散於群眾之中），要嘛完全不信任他們，覺得他們是在蓄意實行邪惡計畫（意即陰謀家）。某種意義上，這兩種南轅北轍的觀念是基於類似的誤解：他們錯誤地賦予領導人幾乎絕對的知識（和權力）；第一群人是以正面的意義為之，第二群人是以負面的意義為之。

其他錯誤觀念包括領導人主要受金錢或施虐的樂趣驅使（「跟著錢走」、「誰得利了」〔cui bono〕／他們有精神變態或扭曲人格）。歷史研究其實未證實這樣的論點。舉個例子：納粹黨領袖對非法獲利抱持不情願的態度，而有人格違常或精神病態傾向者，也被系統性排除於徵募之外。不同於「傳統」罪犯是透過違反社會規則找到內在的樂趣，極權犯罪大多仰賴民眾不加批判、不假思索地遵守極權社會規範體系，就算該體系已變得極不人道、逾越每一條道德界線。漢娜・鄂蘭那句名言就是由此而來：極權主義真實展現了**平庸之惡**（banality of evil）：極權主義與凶惡之人無關——與它有關的是堅持採用病態、非人化的思考方式或「邏輯」的平凡人。

在極權化過程的初始階段，這樣的邏輯先抓住人民。群眾（或起碼有一大部分人口）充斥著對某種意識形態的信念，而對他們來說，那些信念和現實已無從區別。二十世紀分別在俄羅斯和德國興起的泛斯拉夫主義和泛日耳曼主義群眾運動是很好的例子。日耳曼人逐漸相信，他們是高人一等的民族，因此針對波蘭人、猶太人和其他民族的污名化和壓迫，是可以用「事實」解釋的。我們在新冠危機期間也見到類似的事情發生，某部分人口逐漸相信，歧視拒絕注射疫苗的民眾，是有事實撐腰的。數據證明他們正在擴散病毒，不是嗎？

這些動能慢慢催生出極權政黨和極權領導人，而他們逐漸將這種邏輯制度化並強加於社會。而這一般會以瘋狂、盲目、無情的方式發生。希特勒相信他的力量來自他能進行「冷酷的推理」，史達林相信他成功的秘訣在於他「無情的辯證」。在這套邏輯建立的正當性底下，「不適生存」的種族和「垂死的階級」都被如外科手術般精準地逐出社會。由此可知，群眾領導人的特徵不是貪婪或虐待狂，而是病態的意識形態動力：現實必須也將會按照意識形態的虛構進行調整。

這樣的動力會導致心智和情感上的盲目，而其效果真的十分驚人。納粹領導人阿道夫・艾希曼（Adolf Eichmann）令人震驚的證詞就是明證。他在耶路撒冷受審期間，就安排將猶太人流放集中營之事作證，結果他依然深信自己只是想為每個人做最好的事，甚至驕傲地描述他是如何鼓勵猶太人參與他的「計畫」。例如，在被占領的歐洲城市，他推動設立猶太居民委員會，由社區裡居社會要職的猶太人出任委員。艾希曼認為讓受害者（在納粹信條下，被視為不適合生存的人）實際安排自己的死亡，是天經地義的事。他在審判時這樣敘述他的態度：

猶太居民委員會：由誰組成、層級怎麼劃分、事務如何分工，全都由他們決定。我們，當然，負責監督。但如我所說，我們並沒有用專橫的態度對待他們，我們非常謹慎地對待我們必須經常打交道的官員；因此，我方人員盡可能不要干預，原因很簡單：如果我們用專制的方式對待那些高級官員——像是，你必須怎樣——是沒辦法達到目的的。因為如果相關人等不肯合作，整件工作就會受到損害；我們竭盡所能讓合作吸引人。

納粹黨人的確常深信自己立意良善；願意承認這點是成熟的表現，也是以史為鑑所不可或缺。但當然，這不該解讀為罪行辯解。某種意義上，被集體重塑掌控的人可能不知道自己在幹嘛，但那不代表他就該被原諒。在集體重塑或催眠狀態，人依然有能力做道德選擇。眾所皆知，在催眠狀態下，人可能會被迫做一些他們原本會深感羞恥的事（寬衣解帶、表演荒謬的舞蹈動作），並被引導完成他們的身體平常無法完成的壯舉（例如像木板一樣僵直地躺在兩張椅子之間），但催眠師無法說服他們跨越在「清醒」狀態遵守的道德界線。

群眾造就的匿名（個人消失在人群裡，覺得不會被看見）本質上只是放任自身衝動失控的藉口和掩護。不論誰在人群中犯罪，都顯示平常他控制自己只是出於策略，而非道德因素。也就是說，群眾罔顧道德，並不是因為集體重塑會消除平常存在的道德意識。而是集體重塑會讓人暫時停止**隱瞞自己的不道德**。就這樣，群眾揭露了人真正的道德尺度。

艾希曼不是唯一一個堅信本身意識形態極為「良善」納粹黨人。納粹對滅絕營的完整論述即為明證。他們說在毒氣室裡死去是「優雅之死」（death of grace，對於覺得生不如死的人來說，那是最不痛苦的解決方案）。要是德國戰敗，元首甚至為全體德國人民設想了同樣的死法：他保證，一言九鼎，會預留足量的毒氣以防萬一。就連在紐倫堡審判（Nuremberg Trial）[31]上，納粹領導人也繼續一本正經、就事論事地將這種死法描述成「醫療行為」，是為了促進社會「健康」而實施的精確治療性干預。

鄂蘭指出，還有一件事情，比艾希曼向猶太人所提合作案的吸引力更引人注目：他得到了合作。鄂蘭寫道：

艾希曼及其下屬通知猶太長老議會每輛火車需要載運幾名猶太人，並列出遣送者名單。猶太人登記、填寫了數不清的表格、回答幾頁又幾頁關於本身財產的問卷，好讓財產更容易被扣押充公。然後，他們準時在集合點集結上火車。少數試著躲藏或逃離者，則有一支特別的猶太警察隊圍捕。就艾希曼所見，沒有人抗議，沒有人拒絕配合，感謝「眾人合作」，一切順利。「日復一日，這裡的人們動身前往自己的葬禮」（Immerzu fahren hier die Leute zu ihrem eigenen Begrabnis）。他們都知道，全都知道。

猶太居民委員會配合艾希曼的「計畫，直到他們也被遣送，如果他們碰巧來自中歐或西歐，通常『只』到特雷津（Theresienstadt）或貝爾根—貝爾森（Bergen-Belsen），但如果來自東歐社區，就會送去奧斯威辛（Auschwitz）[32]。」有時會有英勇的抵抗，而這時納粹慘無人道的鎮壓方式，必定起了嚇阻作用。想想四百二十五名年輕荷蘭猶太人在與一支德國駐衛警察分遣隊戰鬥後，於布亨瓦德集中營（Buchenwald）被連續凌虐數個月至死的例子。儘管如此，從心理學的角度，受害者一再遵守納粹劊子手所提計畫的情況，實不該忽略；顯然

31 譯註：一九四五至一九四六年，同盟國依據國際法和戰爭法設立國際軍事法庭所進行的一系列軍事審判，主要負責起訴納粹德國政治、軍事、司法等領導人。

32 譯註：特雷津（位於德國占領的捷克斯拉夫）、貝爾根—貝爾森（德國西北部下薩克森）及奧斯威辛（波蘭南部）皆為集中暨滅絕營，尤以奧斯威辛最慘絕人寰。

很多人也被集體重塑操控了。

在這方面，猶太人絕非特例。很多德國人就算知道希特勒的計畫包括清洗德國人自己，依舊對他忠心耿耿；例如，他計畫滅絕有心肺問題的德國人，再來也要根除有其他各種缺陷的德國人——不過這些計畫因戰爭進程之故並未實行。無獨有偶，在蘇聯，人民也被動地等待輪到自己被選中送往古拉格[33]（請讀索忍尼辛〔Aleksandr Solzhenitsyn〕的《古拉格群島》〔*The Gulag Archipelago*〕）。我個人就曾錯愕地聽過一名在蘇聯長大、父親和叔叔都在古拉格喪命的女子聳聳肩表示，那個制度「有好有壞」。集體重塑既掌控行兇者，也掌控受害者。

極權領導人本身也陷入某種催眠狀態的事實，可從他們遠離群眾後的心理反應得到印證。當納粹領導人長期派駐事實證明不易受集體重塑影響的國家，例如丹麥和保加利亞，一種可以預期的事情發生了：他們開始對於他們服務的志業感到不安，而納粹政權再也無法仰賴他們。換句話說，他們清醒了。這表示領導人不僅被他們的意識形態催眠，也被群眾催眠了。領導人自己也被他在群眾間創造的效應迷住了。在群眾與其領導人的心理狀態之間，有一種「因果循環」（circular causality）：他們會互相催眠。

極權領導人自己也被催眠而盲目，不代表他相信他告訴民眾的每一件事。恰恰相反。這種說法比較精確：他盲目地相信他試著強加於人的意識形態，但不見得相信他用來宣傳意識形態的話術。他對他的意識形態堅信不移，狂熱到認為只要能實現那種意識形態，就有充分的理由遂行操控、說謊和欺騙。只要能讓人類（或部分人類）邁向「最善世界」[34]，做什麼都可以。

這也彰顯於納粹和史達林主義運用數字和統計數據的方式——在宣傳中大量使用。他們挑選的數字都與他們（以及每一個極權體制）所述故事的科學誘惑力一致。久而久之，那些數字展現出「對事實的極度輕蔑」，甚至到了修改事實配合數字的地步。在蘇聯，如果到了週末仍未達成預先設定的配

33 譯註：全名勞動改造營管理總局，簡稱古拉格，指蘇聯的監獄和勞改營系統。

34 譯註：指德國啟蒙運動哲學家萊布尼茲（Gottfried Leibniz）一七一〇年所提出「所有可能世界中最好的那個世界」（the best of all possible worlds）。

額，在街頭隨機抓走「賣國賊」並不罕見。就這樣，允許自己被極權主義催眠的科學家，很快變成「江湖術士」。他們最後常堅持某種論述，甚至不費心遮掩其欺騙和操控的本質。

更奇妙的是，群眾永遠願意原諒他們的領導人。無可否認的操控和欺騙證據，只要用像這樣的話就可以洗白：「那或許卑鄙，但很聰明」、「那終究是為我們好。」對此，鄂蘭寫道：

極權主義的群眾領袖是基於這個正確的心理假設來建構他們的宣傳：在這種情況下，你總有一天可以讓人們相信最荒唐的說法，並相信如果隔天他們得到無可辯駁的證據證明那種說法為虛假，他們就會用憤世嫉俗來迴避；他們不但不會離棄對他們撒謊的領袖，還會信誓旦旦地反駁，他們早就明白那些是謊言，他們是崇拜領袖卓越、善於謀略的聰敏。

一如民眾（請參見第六章），領導人也能夠狂熱地否定自己。莫斯科審判[35]期間，多位被判罪的共產黨領導人遭到處決，而根據觀察，其中最驚人的實況之一是那些人表現出的悔悟和接受（歐威爾在《動物農莊》裡也有精湛的描述）。雖然他們大多完全清白、沒有犯下他們被指控的罪行，卻順從地接受判決且認罪。尤有甚者：他們常用心舉證來證明自己有罪且配合定罪，只願確保能留住黨員身分。他們甘願陷於催眠，至死方休。或許，在這樣的最後一刻前清醒，真的會非常痛苦吧。

這形成一股令人費解的動能：黨員持續讓朋友、同事和身邊每一個人淪為體制荒謬殘酷（包括致命酷刑）的犧牲品，直到自己也被極權主義的巨獸吞噬。對此索忍尼辛寫道：「絕大多數的當權者，直到他們自己遭到審判的那一刻，都無情地逮捕他人、順從地依照同樣的指示毀滅同儕，將昨天的朋友或戰友送交懲罰。」

35 譯註：莫斯科審判是一九三六到一九三八年蘇聯大清洗時期，由史達林主導的一系列公審，受害者包括仍健在的老布爾什維克，以及蘇聯秘密警察的領導階層，被公認為「作秀」。

這再度為我們證明：極權主義的本質不是功利或自私。金錢和權力只是居中銜接的手段。最終的目的是實現意識形態的虛構，而極權領導人會盲目地犧牲自己的利益來完成它。當勒龐指出群眾領導人本身也被催眠，尤其被他們狂熱信仰的意識形態催眠，他說的就是這件事。

這種反功利的性質也反映在極權政府摧毀本身經濟、引發經濟浩劫的輕率魯莽上。例如，勞改營或可視為以廉價勞力和財政收益為目標，但真相絕非如此。勞改營的組織方式完全不可能獲利，甚至連自給自足都沒辦法。勞改營主要是實驗的場所，是理想社會的試驗計畫，讓菁英學習如何使民眾服膺他們的意識形態。以人類為對象進行實驗，正是典型的極權主義活動。這是讓現實屈從於偽科學意識形態虛構的終極手段。

這不代表極權領導人是典型理想主義者。他與理想主義者的差別在於他展現了一種極端、狂熱的盲目，但那當然也是因為他明顯欠缺原則和厭惡法律。例如，他通常是透過以臨時規則為基礎的政令來進行統治，而那些規則可隨便他調整。他唯一真正支持的律法，是沒有律法。我們在新冠疫情時也遭遇了這種風險：緊急規定凌駕了既有法律和基本權利。在這種緊急情況底下，人民沒有權利抗議，政府不必獲得國會或立法機關同意就可恣意行事，也不必尊重私有財產。再加上效力存疑的醫學檢測儼然成為世所公認政府可在任何時間宣布疫情緊急情況的依據，個人與社會蒙受的風險大到無法估量。

每一條法律都對極權主義鐵的邏輯之執行構成阻礙。「如果我們想要實現歷史的終極目標——無產階級統治、創造超級種族等等——我們就必須消滅所有貴族和農民，必須根除所有殘疾者和猶太人等等。」還有，「如果我們要防止加護病房爆滿，就必須進行封城，關閉整個社會、禁止長者探視孫子、不再為意外事故提供急救、阻止剛分娩的女性抱她們的新生兒、禁止進一步的抗議、禁止沒打疫苗的民眾旅行和在醫療院所工作等等。」如果有人曾在新冠危機前提出這樣的推理，人們會同情地懷疑那個人的精神狀況。今天，這樣的推理似乎在很多人心目中無可撼動。「你不能只說A而不說B和C，說了A就得一路說完那該死的字母表」，鄂蘭這麼說。只要你接受那種邏輯的前提，其他一切就會不可避免地衍生出來。每一種合乎邏輯的反駁論點都被有計畫地阻絕於注意力範圍之外，使之起不了作用，就這樣，所有正常的道德界線被一步步侵犯。

對於強加基本邏輯予社會之事，極權主義懷抱著狂熱的衝動，這點也彰顯於它對符號的執迷，那有時用作菁英的識別特徵（制服、勳章、徽章等等），有時用作政權「物化敵人」（objectified enemy）的烙印，如有必要甚至真的會燒進肉裡（例如奧斯威辛的刺青數字；古拉格裡每一個群體也都有自己的符號）。以此符號系統，極權主義試著將它的邏輯蓋印於現實上，以便與真實世界建立永久的連結。同樣重要的是，這種符號與烙印的分配，通常是毀滅過程的第一步。在這裡，我們可以指出極權主義的心理要素：試著將人類語言的歧義簡化為符號系統的一元。如我們在第五章討論過的，人類和動物的差異主要在於溝通方式。動物使用符號，而符號明白無疑且相對恆定地與指涉內容相關（例如雌刺魚銀白色的腹部表示可以交配；這是固定的，不因個體、情境、時代和地點而不同）；人則使用象徵或詞語（「能指」（signifier）），而取決於出現的脈絡，可能代表截然不同的意義。這種人類語言的特徵為人類經驗與文化帶來無窮的豐富多樣性，也為創造新的表達方式和身分認同帶來無限的可能性。但這也營造出一種根本的不確定性，而構成人類最大的苦惱。沒有其他生物會被「我是誰？」「我想要什麼？」「我對其他人有什麼意義？」之類的問題折磨。

極權主義是企圖藉由下列手段來帶我們脫離這種不確定的終極嘗試：隱入（偽）科學的確定性和無情的邏輯、將象徵簡化為符號，以及消滅文化表達的所有多元性。極權主義會無所不用其極地抹去這種多樣性。勞改營和滅絕營以系統化、工業化的手法運送、剝削、殺害各個族群，是我們心中永難磨滅的歷史例證。

極權體制的邏輯變化莫測，且通常愈來愈荒謬。極權體制最重要的存在理由是疏導焦慮，這就是它必須不斷更新焦慮對象的原因。當體制不再能夠把焦慮連上某個對象，就失去存在理由了。納粹和史達林主義都不斷重建改組；極權主義現象的本質在於它的動力。指令和政令時時在變，因為它必須時時針對新的威脅制定新的因應措施。請想想《動物農莊》裡的豬，牠會連夜在牆上寫新的規定。

也是在最近數十年，我們見到令我們社會焦慮的對象層出不窮；它們出現的速度愈來愈快，導致公民自由受到愈來愈多限制：恐怖主義、氣候變遷、冠狀病毒。特別在新冠危機期間，我們見到新的威脅接踵而至，因而不時需要採取新的行動（病毒不斷變異，迫使政府採取新的措施）。另外，這整條故事發展的軌線充滿奇特的變化：一開始封城是為了「拉平曲線」。病毒一定會擴散；只要減緩傳播速度即可。後來，我們必須「壓垮曲線」：突然減緩傳播還不夠，而得把感染打到零——這起初被認定為不可能的事。而當感染幾乎絕跡，又開始採取預防措施（你可以說我們轉向「防止曲線」）。漸漸地，這些規則改變得快到似乎再也沒有人認識，而人們愈來愈被動地接受，從今以後，他們可能會因為任何事情被罰款，而完全沒有法律保護他們對抗這種專橫。

綜觀這整個過程，新冠病毒的故事證明它對批評有免疫力，可一再自我肯證到荒謬的地步。例如，似是而非地，受防疫措施所害的人（例如在養護中心隔離）被用作支持措施的論證。這些受害者被草率地加到染病死亡人數上，因此又賦予措施正當性。同樣地，聯合國警告封城導致的飢荒可能奪走數百萬人命。於是我們再次面臨風險：這些人也會被誤計為COVID-19的受害者，大大加深民眾的恐懼而強烈支持更嚴格的措施。同樣的問題也可能發生在疫苗接種運動的受害者身上。如此一來，社會便陷入惡性循環：措施愈嚴格，就愈多人受害；愈多人受害，措施又愈嚴格。

這種現象應從大眾心理學的角度加以理解，而非視為惡意、刻意的欺騙（意即陰謀，請參見第八章），但這不代表它比較不危險。恰恰相反。缺乏批判性的反省、不理性的分配同理心，加上部分人口願意接受重大個人損失，這些會混合成極度危險的雞尾酒。沒打疫苗的人不得進入部分公共場所，現在甚至還有民眾支持不准他們進入超市和醫院——除了讓人憶起最不愉快的過往，也可能真的是慘無人道的非人化循環的第一步。

切莫低估這在未來可能的走向，也不只是為了意見相左的民眾。在新冠危機期間所提出，將感染者移置隔離中心的構想，至今仍有很多人認為「不切現實」且「不符比例原則」，但只要進行狹隘的病毒學推理，便可能輕易成為合乎邏輯的下一步。只要我們無法跳脫病毒故事的框架思考，就只需要加重一點點焦慮（或挫折和侵略性），這就會變成「公共衛生的必要之舉」。結合COVID-19篩檢的可操縱性質和封建式的權力再分配（由於國家政治陷入僵局，市長和州長被賦予前所未有的權力），我們可以預見即將發生的事：隨機的集攏、專斷的隔離、任意「治療受感染」的民眾。趨向極權主義的社會制度，不論故事的實質有多大差異，都會引發多少雷同的現象。

用一種嘲諷的說法：集體重塑和極權主義最終形成的惡性循環，倒也「令人安心」：集體重塑和極權主義無可避免會毀掉自己——這是有邏輯必然性的。它們具有自毀的本質。我們可以這樣了解其自取滅亡的根本機制：集體重塑以焦慮和侵略性為食；沒有恐懼和發洩侵略性的指望，群眾的動能便戛然而止。領導人明白，若發生這種事，群眾就會清醒、察覺自己已經蒙受的損害，繼而將矛頭鎖定領導人。因此，領導人別無選擇，唯有繼續找出新的焦慮對象、實行新的措施來摧毀那些對象。而已經極權化的部分人口會樂意遵從，理由如第六章所述（請參見集體重塑的第一群人）：藉此，他們的焦慮仍可連上某個對象，他們能夠宣洩挫折感和破壞性，並一再透過新的死亡儀式實現新的社會連結。這就是極權主義（和集體重塑）惡性自毀循環的運作方式。

極權體制的自我毀滅通常會在體制成功禁絕所有異議、壓制所有反對聲浪那一刻達到高峰。蘇聯在一九三〇年左右來到這裡（史達林取得幾乎無限的權力，展開大清洗），納粹德國則在一九三五年如日中天。在這裡，我們見到極權與獨裁政體一個截然不同之處，就是這一點，讓獨裁政權從牢牢掌握權力的那一刻起，就節制了自身的侵略性。一旦掌權，獨裁者通常就會運用常識了：如果我想繼續掌權，我得說服民眾那對他們有利。反觀極權領導人則被意識形態和隨行的集體重塑蒙蔽，因此缺乏那種常識。當完全掌權的那一刻來臨，他會繼續跟著他瘋狂的邏輯走，走到它的極限。儘管被集體重塑掌控的個人對異議深惡痛絕，但異議卻對極權領導人至關重要——那是他抵死不吃，但若真的不吃，他就死路一條的苦口良藥。沒有異議破壞群眾論述的巨大共鳴，極權體制就會陷入徹徹底底的自毀；催眠到此結束。於是，極權國家成了鄂蘭所形容：「吞噬自己孩子的怪物。」

若你想要了解這樣的毀滅可能變得有多出乎預料、荒謬透頂，可以讀一讀索忍尼辛所記錄史達林統治下形形色色的迫害和種族滅絕浪潮。在那段期間，政權不斷鎖定人口中的新群體，鑑定為「目標敵人」——這些人尚未犯下敵對行動，但由於隸屬特定團體，而被認為有能力這麼做。一而再、再而三，這些新的敵人被孤立和消滅。起初，這種大清洗還可以看出一點邏輯：首先驅逐資產階級，再來是國外回來的軍官（他們也被灌輸了資本主義邏輯），再來是任何與宗教有關的人（他們難以改信共產主義），再來是所有可能擁有黃金的人（牙醫、鐘錶匠、珠寶商），再來是生活比其他農民好過一點的農民，最後則是所有農民，簡單俐落。這些人也是「小資產階級」，或者也可能因為接觸資本家而受影響。然而，不久之後——在上述群體都被驅逐或滅絕之後，體制仍得排遣它的毀滅本能，於是隨機的「犯罪」團體成了毀滅的目標。極權體制這種狂風暴雨般的毀滅動能，也出現在納粹德國，但並未一路發展到自食其果。在希特勒遣送吉普賽人和猶太人到集中營後，他不僅將目標鎖定烏克蘭人和波蘭人，也鎖定有心肺問題的德國人。所幸最後戰爭確保這些計畫永遠無法實行。

我們有許多理由可以假定極權主義始於本意「良善」但妄自尊大的意圖。那嚮往將社會徹底改造為某種意識形態的理想（例如納粹的種族純正社會和史達林主義下的無產階級統治）。然而原本要創建的天堂，最後卻常變成人間煉獄。史達林主義的歷史就是最慘痛的證明。布爾什維克是身懷矯正帝俄濫權的決心起家。在沙皇統治下，每年大約執行十七件死刑。共產革命人士認為那無法無天。他們大表不滿：應廢除死刑。但此契約包含一個小腳註：剛開始，為確立共產主義制度，如有必要，仍將執行處決。在一九一七年俄國革命爆發的頭幾個月，每年有五四〇人被處死；幾年後，數字增至每年一萬兩千人；一九三七至一九三八年間，每年執行超過六十萬件死刑。

比死刑人數更驚人的是將人民判死的蠻橫作風。每一個城市和地區，每星期、每個月都有配額規定必須逮捕多少「叛國者」。若時限已至，當地的受命者發現尚未達到目標數字，他們就會上街隨機逮捕民眾：

順從也是因為對濫捕機制一無所知。一般而論，機關選擇要逮捕誰、不逮捕誰，並沒有深切的理由。他們只有整體性的任務，有特定判斷數字的配額。這些配額可以依序完成，也可以一次獨斷地完成。

那些革命家不僅著眼於廢除死刑，也意欲終止所有形式的奴隸制。但事態也未如預期發展。索忍尼辛比較了「無產階級」在沙皇和史達林底下的生活情況，結果令人費解。他描述了沙皇統治下的農奴冬季一天最多只允許工作七小時，夏季則為一天十二小時。在下指令和分配工作時，一定會考量工人的身體極限。另外，從各方面來說，勞改營本身尚可忍受。杜斯妥也夫斯基（Fyodor Dostoevsky）就曾描述勞改營舒服到貴族不由得擔心，那最終再也無法灌輸恐懼。在史達林主義統治下，囚犯的命運確實有深刻的改變，可惜不是變好。強烈的對比：沙皇統治下，囚犯一天必須開採約五十公斤重的礦砂；共產主義統治下，數字變成一萬三千公斤！

布爾什維克另一項善意是改善農民的命運。但他們在過程中改變主意。由於依附土地和動物，「富農」（kulak）證明也是「小資產階級」，因此沒有資格熱情擁戴共產主義的巨獸。共產黨員裁定，農民是應該消滅的階級。他們迅速推行驅逐政策——很多方面在歷史空前絕後。數千萬農民被趕到俗稱的「特別聚落」，通常因為明顯不人道的環境悉數喪命。因此，他們再次變成農奴，而且幾乎每方面的狀況都遠比沙皇統治下更糟。

勒龐有句名言：「群眾唯獨在毀滅這件事上具有強大的力量。」他們致力於團結，追求更高的利益，相信這將帶來意識形態的天堂。但結果始終不變：地獄深淵。群眾和其統治者被盲目地拖進毀滅的漩渦，直到遇上壟斷他們心智的基本原理——沒有生命、沒有靈魂的宇宙的機械論邏輯——的最終結果。我將在第八章詳盡說明，真正造就這種絕境的大師不是極權體制的領袖，而是故事，和深植於故事的意識形態；這些意識形態占據了每一個人，而不屬於哪一個人；人人都扮演了某個角色，但沒有人知道完整的腳本。

CHAPTER 8 陰謀與意識形態

若只是有惡人在某處暗中幹邪惡勾當，只需將他們與我們其他人分開，加以消滅即可。但劃分善惡的那條線，卻貫穿了每一個人的內心，而誰願意摧毀自己內心的一塊呢？

——索忍尼辛

試試看：在一張紙上畫三個點，讓它們相距遠一點。在紙上隨便畫第四個點，畫在哪裡都可以。然後拿把尺，測量第四點和其他三點之中任一點的距離，除以二；在這個中點畫上新的點。測量這個第五點和原始三點之中任一點（隨機指定）的距離，再除以二，畫上新的點。重複這個過程一百次，你會見證一個驚人的現象。你會看到，從這些繁如星海的點之中，謝爾賓斯基三角形（Sierpinski triangle）赫然出現——這是一種碎形圖案，從整體的構圖到最微小的細節，都呈現出完全相同的樣式，這個例子是三角形裡有內接三角形（見圖8.1）。你很容易就能和十個、一百個，甚至更多人一起執行這個過程，讓大家盲目依循前述規則，輪流在紙上加一個點，渾然不知行動的目的為何。只要每個人反覆應用同樣的簡單規則，就能創造出這種圖案。這與我將在這一章討論的事情有關：一見到紙上出現謝爾賓斯基三角形，天真的旁觀者難免會有這種想法：畫這些點的人一定事先就對這個圖案具備詳盡的知識，然後依照計畫協同合作。但真相並非如此：沒有人需要知道，甚至見過這種圖案。只要大夥兒各自遵照同樣簡單的規則畫下他們的那一點，便已足夠。請把謝爾賓斯基三角形放在心上來讀這一章，那會不時發出共鳴。

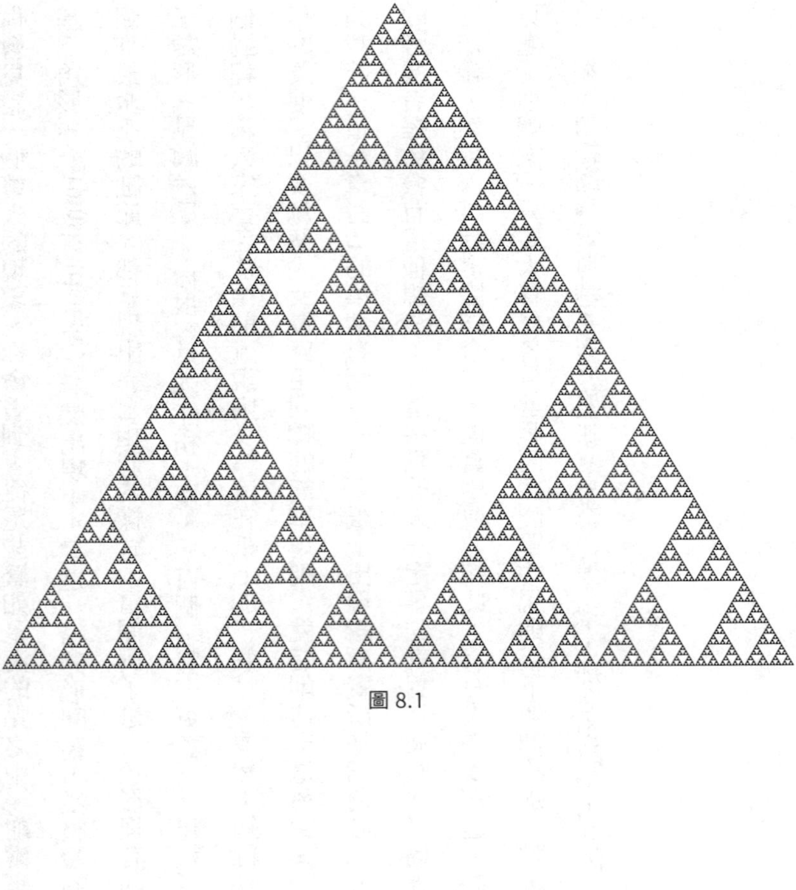

圖 8.1

群眾的領導人是陰謀家嗎？集體重塑和極權主義是由大規模計畫所策動，而計畫是少數人在幕後操縱的嗎？這個問題問得有理。例如漢娜・鄂蘭等人就常在她探討極權主義的著作中反覆思忖這個問題。

有件事無庸置疑：綜觀歷史，群眾的領導人常被感覺是陰謀家。十九、二十世紀，隨著群眾愈來愈強勢、愈來愈壯大，陰謀論便不脛而走。陰謀論通常被拿來解釋複雜的社會過程和集體重塑。《錫安長老會紀要》（*Protocols of the Elders of Zion*）堪稱陰謀論之母，據亨利・羅琳（Henri Rollin）[36]的說法，那在二十世紀初受歡迎的程度僅次於《聖經》。書中宣稱世上有某種秘密猶太人政府控制並統治了所有國家政府。

雖然大受歡迎，《錫安長老會紀要》純屬虛構。其虛構的起源無可爭辯。

36 譯註：一八八五～一九五五，曾任法國海軍軍官及間諜，後為記者及散文作家。

它們改寫自法國律師毛里斯・若利（Maurice Joly）一八六四年所出版《馬基雅維利與孟德斯鳩在地獄的對話》（*Dialogue in Hell between Machiavelli and Montesquieu*）一書中的一篇文章。他是用這本小冊子來譴責拿破崙三世（Napoleon III）對權力的貪婪。十九世紀末，那篇文章被俄國密探單位「奧克瑞納」（Okhrana）編輯竄改，目的是助長俄國境內的反猶主義。「奧克瑞納」保留大約一半的原文，前前後後加了幾個段落，並固定用「世界」取代「法國」、「猶太人」取代「拿破崙三世」。就這樣，他們捏造出一篇文章，文中，錫安主義的創建人西奧多・赫茨爾（Theodor Herzl）[37]是一個猶太人陰謀集團的首腦，渴望稱霸世界。偽造的冊子在一九〇五年出版，俄國保守派和俄羅斯東正教立刻熱切地拿它來證明他們的反猶太行動具正當性。從這裡，它在二十世紀前半流傳到德國，再流傳到中東，至今在那裡仍廣受歡迎。

然而，將大規模集體重塑簡化為邪惡菁英陰謀策劃的傾向，可回溯到更早的時代，至少始於啟蒙運動之初。一八一三年，馬雷騎士（Chevalier de Malet）描述了這樣的揣測：法國大革命的英雄其實是共濟會（Freemasonry）

的密探，而共濟會又隸屬於一個更廣大的「革命派」，目標是從幕後把公眾統治者當卒子一樣操控。而這個理論本身又是依據《秘密警告》（*Monita Secreta*）所述——這本更老的小冊子描述了耶穌會（Jesuit）企圖針對當權者挑起仇恨運動的陰謀。《秘密警告》最早於一六一二年出版，直到二十世紀末都還在歐洲各地的書市販售。

▼

上述理論都是羽翼豐滿的陰謀論。但現今「陰謀論」比比皆是，有的甚至完全沒有提到陰謀。正因如此，我們應當先探求一些嚴謹的概念，幫這個名詞下定義。根據維基百科，陰謀是：「一群人為不法或有害目的，而秘密

37 譯註：一八六〇～一九〇四，奧匈帝國的猶太記者，創建並領導錫安主義，被喻為現代以色列的國父。錫安主義即猶太復國主義，旨在支持於以色列舊地重建猶太家園。

達成的計畫或協定……會把協定對外人或受影響者保密。」這個定義顯示，一項活動要被歸類為陰謀，至少必須具備三項核心特色：（一）必須是刻意、有目的、有計畫的行事。（二）行事必須隱密或保密。（三）行事必須以造成傷害為目的（例如必須對相干人等抱持惡意）。

然而，照現今的用法，這個名詞代表各式各樣的理論。它有時精確地拿來指涉與一手操縱世界史的全球影子政府（例如「光明會」〔Illuminati〕或深層集團〔Cabal〕）有關的理論，甚至更奇特的——來自外星、更像爬蟲類勝過人類、牢牢掌控世界的菁英（例如請參見匿名者Q〔QAnon〕的論述）。但今天這個詞也拿來嘲笑對於銀行、政治、工業、經濟和媒體等層面的權力結構的批判，這是不正確的。

因此，這個名詞成了一種污名，一種攻訐，讓主流論述保護自己免於批判性反省。同樣地，「陰謀」一詞也很少用來指配合主流論述但實為陰謀論的理論。不妨想想聲稱俄國試圖操縱美國選舉、中國政府正發動網路攻擊、史蒂芬・班農（Steve Bannon）[38]正暗中傳播病毒源於武漢某間實驗室的報告、俄羅斯金援西方各種反政府報紙等例子。不論這些主張正確與否，它們本質上都是陰謀論。它們沒有被冠上這種污名只有一個理由：它們屬於社會主流論述，每天都透過主流媒體建構。

▼

既然如此，讓我們回到這個問題：我們該把集體重塑視為陰謀的結果嗎？如勒龐所言，在群眾之中，個別的靈魂被群體靈魂取代。群眾採取協調一致的行動，反覆說著同樣的口號。它採用的思想、援用的詞句，以閃電般的速度在隊伍中傳播開來（勒龐形容思想在群眾間具有「感染力」）。社會每一個區塊都參與「主流思維」（pensee unique）——政治人物、學者、媒體、各種專家、法官和警官。就這樣，群眾給人高度組織化的印象。於是，那些

38 譯註：班農曾任媒體高級主管，在川普總統第一任期的前七個月擔任白宮首席策略長兼總統顧問。

基於某種原因不易受集體重塑影響的人，以及「從外面」觀察這種社會現象的人，常認為這一定是大規模、蓄意且有計畫的協同行動。

在第六章，我解釋過集體重塑主要是個人被一種共同敘事吸引的結果，那使他們團結起來，針對引發焦慮的對象發動英勇的戰鬥。這條推理究竟能多確切地解釋集體重塑現象，仍有待觀察。例如，乍看下，組成群眾的個人之間似乎真的有某種物理共振，而那不能僅基於他們有共同的敘事來解釋。這種現象與自然界複雜動態系統的建構方式有不少類似之處。一個知名的例子是椋鳥成群飛行。黃昏時，椋鳥會從四面八方飛向彼此，開始以和諧的形態一起移動，完美到諾貝爾獎得主尼古拉斯・廷貝亨（Nikolaas Tinbergen）[39]稱椋鳥群為「超級個體」（super individual），一種統領一切的實體，所有個體像同一個身體裡的細胞互相連結。牠們完美地感應彼此，看不出來有哪種形式的交流指揮著牠們的行為。

群眾之中個人與他人建立連結的方式與此類似。這一點在群眾聚集時尤其明顯。伊利亞斯・卡內提（Elias Canetti）[40]用這段話描述之：

群眾，突然出現在原本什麼都沒有的地方，是種神秘而普遍的現象。原本可能已經有一些人站在一起——五個、十個、頂多十二個。什麼也沒宣布，也沒什麼值得期待。突然，到處擠滿了人，還有更多人從四面八方湧來，彷彿所有街道都只有一個方向。其中多數人不知道發生什麼事，如果有人問起，也沒有答案；但他們匆忙趕到其他多數人所在的地方。他們的行動帶著一股決心，明顯不同於平常好奇心的表現。看來好像是某個人的行動自己傳送給他人。但不止於此；他們也有一個目標，而在他們找到言語形容之前，目標已經在那裡了。那個目標就是最多人聚集的最陰暗之處。

39 譯註：一九〇七~一九八八，荷蘭動物行為學家及鳥類學家。

40 譯註：一九〇五~一九九四，保加利亞出生的猶太裔小說家、評論家、社會學家，一九八一年諾貝爾文學獎得主。著名作品包括《得救的舌頭》（*Die Gerettete Zunge*）、《耳中的火炬》（*Die Fackel im Ohr*）、《群眾與權力》（*Masse und Macht*）等。

這表示群眾不只是為同樣的思想、信念和行為結合。它似乎也構成一種統一體（physical unity），而這便形成一種壓倒性的印象：它是大規模謀劃的產物。

▼

不僅是群眾的身心活動讓人覺得它是陰謀的產物。它具威脅性的本質，也加深這種印象。群眾一般會試圖強迫社會接受他們的意志；它企圖掌控社會。情況向來如此，但可能時間愈久愈明顯，因為群眾已經承擔某種更耐久的角色，開始對社會架構發揮穩定的影響力了。現代的群眾總是往同樣的方向進逼：過度掌控的社會。每一次有新的焦慮對象出現——恐怖主義、氣候變遷、病毒——要求加強技術控管的呼聲便從社會的肚子裡冒出來。而這樣的掌控可能急劇而出乎預料地轉向。在二〇一六年布魯塞爾遭到恐怖攻擊後，安特衛普的猶太區架設了數百部攝影機，以便更周延地防範恐怖分子。到了新冠病毒危機期間，同樣數百部攝影機卻反過來監視猶太人有沒有偷上教堂。凡事都可能往奇怪的方向發展。

防疫護照（和 QR code）也是這股加強掌控趨勢的一部分。長遠而言（或短期內），用更複雜、更有效率且難以偽造的系統取代這種護照的計畫，完全符合機械論意識形態的邏輯。早在二〇二一年，就有一位比利時部長主張電子手環真的比較好（為何不乾脆繫腳鍊算了？）。部分受機械論意識形態掌控的人口當然樂意配合，而現今的技術水準無疑可望能為這個問題提供更有效的「解決方案」。當這個過程步入尾聲，我們將往以色列史學家哈拉瑞等人描述的社會邁進——皮下感應器會時時監測我們的血液狀況，不僅能早期偵測疾病，也會知道我們的心理狀態，我們是悲是喜，是生氣還是平靜。

未受集體重塑掌控的人，起初會發現自己身在一種莫名其妙的處境（在未受掌控的人眼中，集體重塑顯得荒謬而令人費解），而覺得受到威脅，因為集體重塑既想控制他，多半也無法包容拒絕加入的人（請參見第六章）。在這種狀態下，這位困惑的旁觀者，通常強烈需要一個簡單的參考架構，讓他能夠在心理駕馭這種複雜，並賴以安置和掌控焦慮和其他萌生的強烈情緒。從陰謀的角度詮釋切合這種需求。這將錯綜複雜的現象簡化為單純的參考架構：所有焦慮都連上了一個對象（一群蓄意欺騙的人，所謂的「菁英」），因此變得在心理上可以控管。所有責任都不在自己，而在「他者」，於是所有挫折和憤怒也可以鎖定那個單一對象。正因如此，狂熱的陰謀論思想證明人類有這種幾乎不可抗拒的傾向：在面對逆境時找一個人扛責，進而成為發洩侵略性的對象。這也許可視為一種更普遍的心理規則的表現：人愈是覺得氣憤，就愈容易感受到蓄意的惡意。

因此，在某種意義上，陰謀論的思想——將世上所有事情歸併為一個大陰謀，跟集體重塑履行了同樣的功能。一如集體重塑，陰謀論也讓人充滿某種熱情。焦慮、氣憤和不滿，這會兒都連上少許簡單的心像（mental image），而將強烈的消極狀態轉變成一種（症候的）積極狀態。現在凡事都可以套用一個單純的參考架構來解釋了；世界不再荒謬，一切說得通了；你知道敵人在哪裡，有道理對他發洩你的挫折和怒氣；你可以免除自己的責任，從此不必再質疑自己。這就是陰謀論的思想對心理十分重要的原因。由於這些心像具有多重功效，它們會像磁鐵一般吸引所有心理能量，最終硬是充作幾乎所有事情的解釋。

基於這些理由，從陰謀的角度思考相當誘人。那就是為什麼陰謀論的邏輯動輒漂離航線、愈漂愈遠，最後漂到荒謬之境，就連高智商的理性人士也不例外。這最終會釀成深刻的不信任，讓許多人認為只要「主流」認為是對的事情，就一定是錯的：例如，如果主流敘事說地球是圓的，那就一定是平的。陰謀論思考也會無可避免導致特定團體的非人化（事實上，非人化這個詞有時要取字面意義：菁英分子包含爬蟲類或外星生物）。菁英分子邪惡透頂，他們刻意透過我們食物和環境裡的有毒物質害我們生病，並透過經年累月的教育給我們的孩子洗腦等等。照這種思考方式，我們很容易高估菁英的知識與力量。菁英不會像一般人那樣與知識不足搏鬥，不會懷疑，不會遲疑，不會遇到出乎預料的障礙，不會算錯。他們有本事操控所有世界大事。陰謀論會將感覺到的敵人膨脹到無限大，以至於最後我們只能感覺無能為力，無法抗衡這樣的巨人。就這樣，陰謀論也體現了自我毀滅的一個面向。

▼

人會從陰謀的角度思考，常是因為那些心理「效益」的吸引力大於事實（這當然也適用於許多思維模式）。這種內在邏輯通常很強烈，但理論往往與事實不符。例如，如果你剛好對某個陰謀論的對象有比較深的認識，陰謀論通常會不攻自破。比如在新冠危機期間，由於專家時不時犯下明顯的統計或其他錯誤，很多人開始相信他們是故意誤導民眾。專家不可能那麼笨吧，對不對？然而，如果你碰巧認識那些專家，你通常會馬上明白自己不能把他們的過錯壓縮進那個意圖操控的簡單參考架構。二〇二一年七月，就在放暑假前，我遇到幾位參與製作感染數增加趨勢模型的統計學家。其中一人說出他的憂慮：感染人數又增高了。我立刻回話：「這段期間很多人在假日出去玩，而且全部都被篩檢。你已經把檢測次數增加的影響算進去了嗎？」他喪氣地看了看他的同事，反駁道：「沒有，可是在估計感染人數時，沒有人這麼做。」還說「根據這些模型，對感染人數的預測，確實要跟著住院人數走，不是嗎？」還有「我們去年秋天就見到不照這些模型走會發生什麼事了」等等。他人很聰明，偏偏他的論據全是錯誤論點的教科書範例（訴諸群眾、訴諸權威、錯誤共識）。沒什麼可以說服他相信，更多篩檢自然導致更多篩陽。還記得第六章阿希進行的實驗嗎？集體重塑會蒙蔽聰明人和沒那麼聰明的人，程度相仿。人真的不需要參與陰謀，就能有條不紊地犯下最愚蠢的錯誤。

另外，主流媒體片面、不平衡地報導新冠病毒危機，乍看下似乎暗示有人刻意、有計畫地操縱報導。不然我們怎會幾乎聽不到任何「不贊同」的聲音呢？怎麼有人可以一再重複同樣錯誤的資訊呢？不過，我認識好幾位「批判新冠」的新聞記者，他們告訴我，媒體並未有系統、有計畫地操縱報導。有時確實有隱性的壓力，這是事實。例如有些政治人物表示現在不是傳播各種對國家政策的批評，徒增困惑的時候。某種意義上，那會對媒體產生不民主的影響力——新聞記者知道，如果他們讓太多批判的聲音被聽見，政府就會少給他們一些獨家——但這比較精確的形容是自我審查，而非審查。

我自己跟政治人物接觸的經驗也給我相同的印象：他們多半也抱持懷疑；不知道自己可以偏離其他國家採取的措施多遠；害怕假如採用較寬鬆的措施而有更多人受害，就會被追究責任；他們之所以斷然對意見不同者採取行動，是呼應群眾的要求。而確實也有些人是嗅到了機會：能將本身意識形態強加於社會的機會。不過，多數政治人物只是乖乖跟著故事走，而要做到這件事，他們並不需要召開「秘密」會議。

順便一提，我個人也有榮幸成為一些陰謀論鎖定的對象。一如許多用各種方式批判的人士，我被指控為所謂的「受控制的反對派」（controlled opposition，意即暗中與防疫政策合作）。在他們看來，我唯一的目的是用我的心理學理論讓反對者安靜無聲。有些人甚至覺得我崇拜撒旦。

受訪的時候，我針對新冠危機的進程做過一些多少算正確的預測，例如就算推出疫苗，那些管制措施也不會撤銷。對某些陰謀論者來說，事實很明顯：我事先就知道計畫了。而讓惡魔信徒更加堅定的是，我也搶先發布即將發生的壞事。我到今天仍不知道自己是哪個邪惡集團的成員，而我相信我的「預測」只是依據簡單的道理做的。從新冠病毒故事的心理邏輯，我找不到任何理由可以阻止政府在疫苗推出後繼續厲行管制。早在新冠危機之前，恐懼就已經潛伏在那兒了，而不管疫苗有沒有效，那都不會因為接種疫苗而消退。我自認有點資格對這件事發表一些意見，不過我也了解，對某些人來說，從崇拜撒旦的角度來解讀比較有吸引力。

也值得一提的是，認同主流敘事者，有時也視我為陰謀家。他們認為我不相信自己提出的集體重塑理論，那不過是一種狡猾的操控，為的是轉移社會對那些措施的支持，好讓我得以在右翼政黨贏得一席之地。對此我只能說：如果我在下屆選舉的哪張選票上看到自己的名字，我會大吃一驚。

▼

那麼，真的完全沒有操縱和控制嗎？答案當然是一聲響亮的「有」，當然有各式各樣的操控。而由於現今大眾媒體可用的工具太多，可能性自然驚人。不過，這樣的操縱主要不是個人掌舵的操縱；最根深柢固的操縱，本質上是非關個人的。這種操縱，首先是由一種意識形態（一種思考方式）驅動。意識形態循序漸進且有生命力地組織、建構了社會。如我們在前面幾章詳盡描述過的，這種主流意識形態的本質是機械論。機械論意識形態的吸引力基本上是源於人造天堂的烏托邦願景（請參閱第三章）。世界和人都是機器，而它們也被這樣理解和操控。造成損害的機器故障可用機械方法「修理」。沒錯，長久而言，就連死亡也可能消除。而且，人不必反省自己在自身不幸中扮演的角色，無須質疑自己秉持的倫理道德，就可以消除死亡。短期而言，這種意識形態讓生命變得輕鬆；便利的代價將在日後償付（請參閱第五章）。

我們必須將指引個人往相同方向前進、最終將社會組織成一個整體的「秘密」作用力置於這個層次。就像畫謝爾賓斯基三角形，如果大家都遵守同樣的規則，社會就會出現極為固定的模式。就像散落一塊磁鐵磁場裡的鐵屑，個人會在這些作用力的影響下自行排列成完美的圖案。人向來容易淪為前述「誘惑」的獵物——幻想可以全憑理性理解與掌控、不願批判性地質疑身而為人的自己、追求短期便利等等。在宗教論述中，這類誘惑被視為危險，但那種觀念隨著機械論思維興起而改變。從那時起，它們便錨定於主流敘事，而主流敘事便成為它們正當性的來源。領導人和追隨者都被人類心智看似能提供的無限可能性迷住了。只要人類心智仍困在那種邏輯，且被那些吸引力控制（相當程度上是無意識的），人類全體朝高度控制的技術社會——監視社會——演化，就是不可避免的事。就是這種意識形態重新設計了社會、創建新的制度、挑選新的權威人物。這個從民主政體轉變為極權技術官僚的過程——其中，新冠危機堪稱「大躍進」——其實從一開始就屬於機械論意識形態的邏輯。在機械論的宇宙中，技術專家終究將基於他卓越的機械論知識，而擁有最終話語權。

根據這種意識形態，社會建立了機制來制定未來社會該呈現何種面貌，以及這個理想社會該如何因應危機的計畫。洛克斐勒基金會（Rockefeller

Foundation）的「按步行動」（Operation Lockstep）、比爾及梅琳達・蓋茲夫婦（Bill / Melinda Gates）發起的「二〇一事件」（Event 201，和約翰霍普金斯大學及洛克斐勒基金會合作），以及克勞斯・史瓦布（Klaus Schwab）[41]的《COVID-19：大重設》（*COVID-19: The Great Reset*）都是這樣的努力。對很多人來說，這些事件和出版品在在證明我們正經歷的社會發展都是經過計畫，都是陰謀的產物。早在疫情爆發前，這些「計畫」就描述了社會將如何因流行病傳播而封鎖、如何推行生物護照（biopassport）、人民將如何透過皮下感應器進行跟蹤和追蹤等等。

如果我們記得陰謀的定義——秘密、有計畫、刻意且帶惡意的策劃——我們馬上就會注意到兩件事：那不算什麼秘密，因為前述「計畫」全都放在網路上供公開查詢。而這些計畫是否透過鎖定目標的指令來引導專家的一言一行，起碼要打上問號。專家們的說法更是充滿矛盾和不一致、收回和更正、不得體的措辭和顯而易見的錯誤。這說什麼也不像順暢有效地執行一項預先擬好的計畫。如果他們是陰謀家，那就是史上最不稱頭的陰謀家。當然，心理戰也可能運用混淆和令人困惑的訊息，但那不足以解釋專家何以明顯不安、困窘地試圖改正前一天犯下的錯誤。

專家的論述只有一點始終一致：他們的決策始終趨向於一個更仰賴技術和生物醫學控制的社會，換句話說，趨向於實現機械論的意識形態。因此，我們在新冠危機中看到的問題，與學術研究「再現危機」暴露的問題如出一轍：比比皆是的謬誤、馬虎、牽強的結論——研究人員無意間強化了本身意識形態的原則（即所謂的「期望效應」，請參閱第四章）。

在行使權力的過程——意即依照意識形態的信仰形塑世界，通常沒有必要制定秘密計畫和協議。誠如諾姆．杭士基（Noam Chomsky）[42]所言，如果你必須告訴對方怎麼做，那你就找錯人了。換句話說：主流意識形態會挑選最終由誰擔任關鍵職位。未具有那種意識形態的人，除了少數例外，在社會

41 譯註：德國工程師和經濟學家，世界經濟論壇（World Economic Forum）創辦人兼執行主席。

42 譯註：美國語言學家，也是分析哲學領域的靈魂人物，及認知科學領域的創始人。

的發展通常較不順遂。因此，所有擔任要職者無論在思想或行為上都會自動遵循同樣的規則，也受到同樣「吸引力」影響（取複雜動態系統理論的意義）。另外，他們全都屈從於同樣的邏輯謬誤和同樣的荒謬行為，因為他們——各自獨立，或起碼不必秘密集會——遵循同樣扭曲的邏輯。不妨比作在同樣錯誤軟體上運作的電腦：不必互相「聯繫」，它們的「行為」和「思想」就會往同樣的方向脫軌。這就是謝爾賓斯基三角形為我們證明的：只要個人被同一組吸引力所吸引，而各自遵循相同的簡單行為準則，就可能生成精確、規律到令人心蕩神迷的模式。最高主宰是意識形態，不是菁英分子。

那些對於未來的計畫和願景，稱不上「強」加於民。在很多方面，群眾的領導人——俗稱的菁英，給了民眾他們想要的。恐懼臨頭，民眾就想要一個管制更嚴的社會：對許多人來說，封城反倒讓他們獲得解放，脫離難以忍受且毫無意義的日常工作慣例，而分崩離析的社會也需要一個共同敵人等等。與陰謀論常暗示的不同，不是先有「計畫」才有發展。計畫是跟在後面走。那些引領群眾的人不是真正的「領導者」，因為真正的領導者要決定群眾該往哪裡去。相反地，他們只是感覺到民眾想要什麼，並朝那個方向調整計畫——可說是投機取巧。他們沉迷於控制和指揮一連串行動的自戀，但他們更像是坐在船頭的孩子，每當船改變方向，就跟著轉動玩具方向盤。或者也可以想想克努特大帝（King Cnut）[43]：他在退潮時站在海邊，命令海浪退去，海浪真的退了，便驕傲得眉開眼笑，自我陶醉。有些機構甚至過分到竄改先前已發布的影片，以便暗示他們可以預測未來。（例如Digi-kosmos的影片就竄改到看似十分準確地預測了新冠危機的進程。）反諷的是，陰謀論反倒證明領導者自戀有理：那認真看待他們、相信他們是真的在掌舵，或致使海浪退潮。

還有其他數不清的例子看似指向有什麼計畫正在推展，例如「大流行」（pandemic）的定義在新冠危機前不久才調整；「群體免疫」（herd immunity）的定義在危機期間才改變，暗示唯有疫苗可以達成；WHO也調

43 譯註：九九五～一〇三五，丹麥國王，亦統治英格蘭、挪威和瑞典部分地區。

整了 COVID-19 死亡人數的計算方式，讓那高於流感死亡人數；疫苗副作用的記錄方法一定會導致嚴重低估（例如將疫苗接種後兩週內出現的明顯副作用歸類為與疫苗無關）；危機爆發時所有政治要職都由支持技術官僚的人士擔任（被稱為世界經濟論壇的全球青年領袖〔Young Global Leaders〕）等等。

這些也是意識形態掌握社會的例子，而非暗中進行陰謀的證據。類似的事情也發生在大公司和政府機構進行大規模組織重整時。事實上，任何想要整頓公司或機構，且位居適當職務的人，都會試著按照他們認為有利於推動重整目標的方式，到處調整規則。他們也會盡其所能事先將適當的人才安排在適合的職位，然後試著透過各種正式和非正式的影響，讓那些人接受重整和改組的構想。任何在公司機構親身經歷過這些的人，應該不會把這當成什麼陰謀。我們甚至可以說，每一個「生物有機體」都在幹這件事：它會試著改變環境來配合他們嚮往的目標。

不過，在某些時候，前述作為可能蛻變成確實具有陰謀架構的東西。大型機構的確會運用各種不誠實的策略來將他們的理想強加於社會，而這一兩百年來，那些手段已經以驚人的幅度增加。世界的機械化、工業化、「技術化」和「媒介化」（mediatization）確實已導致權力集中化，而只要是神志清醒的人都無法否認，這種力量正被持續不懈地追求，而嚴重缺乏倫理道德意識。證據一再顯示：不論在政府、菸草業或製藥業的遊說中，都有賄賂、做手和詐欺。不同流合污的人很難繼續留在高層。

機構和人民在努力將自身理想強加於社會時，確實會逾越道德界線，而一旦超過太遠，他們的策略就會惡化為羽翼豐滿的陰謀：秘密、蓄意、有計畫、惡意的謀劃。同樣眾所皆知的是，一旦極權化的過程持續，極權政權也會逐漸組織成羽翼豐滿的「秘密社會」。例如我們已經見到一段驚人的集體重塑過程衍生出大屠殺：行兇者與受害者皆被過程蒙蔽，捲進地獄般的動能之中（詳見第七章）。然而，在某個層次，也有一項刻意的計畫有系統地以透過清洗、消滅所有不純要素來實現種族純化的目標。大約有五個人乾淨俐落、有條不紊地準備了大屠殺的全部殺人裝置，且順利讓系統的其餘成員在完全盲目的情況下與之配合良久。而那些親眼目睹實際情況，也就是集中營其實就是滅絕營的人，就被指控為……陰謀論者。

籌備並實行諸如此類的計畫，絕不只是極權政權的特權。綜觀二十世紀，有許許多多遺傳物質被認為「低等」的男性和女性，在優生學政策下被秘密絕育。一九七二年，「優生學」一詞有了太過負面的意涵，而被「社會生物學」取代，但做法不變，且持續到二十一世紀（例如在未經知情同意下對加州囚犯實施絕育）。我們有充分的理由相信，這些做法在這幾年已經終止了嗎？

在當前的社會氛圍中，幾乎沒有任何揭露這種權力腐化的自由，這個事實非常危險。這正是群眾崛起的不良影響：那極度不容異己，以至於只要有機構、公司等針對其危險影響提出分析，就會被貼上「陰謀論」的標籤。「無知的熱情」（La passion de l'ignorance）正前所未見地蓬勃。矛盾的是，狂熱的陰謀思維也火上加油：因為它讓較細膩的分析更不容易被看見，也更容易遭到污名化。它們會被同一把刷子玷污，牽連入罪。

這讓眾人難以評估是否有惡意操控存在，以及程度多寡。如此一來，惡意操控不是完全被忽視，就是感覺無所不在。這兩種對立面的吸引力都會使人情緒衝動；都會妨礙真正、誠摯、想了解真相的求知熱情。最後，通常只有一小群人有辦法逃過這些作用力，而能做出較細膩、精湛的評估。

於是，社會走向極化——社會分裂為兩派：大團體（群眾）相信主流媒體呈現的一切，不管那可能有多荒謬；另一群人則完全不信同樣的故事。一如在愛德嘉・魯賓（Edgar John Rubin）[44]的著名圖畫中（圖 8.2），觀者可能看到一只花瓶或兩張人臉，但不會同時看見兩者，這兩群人在社會發展中感知到截

圖 8.2

44 譯註：一八八六～一九五一，丹麥心理學家，以「魯賓花瓶」的圖形揚名於世。

然不同的現實圖像、截然不同的「格式塔」[45]，同時無法想像另一群人怎會見到完全不同的圖像。

這兩群人之間存在著激烈對抗的風險。陰謀思維本身也可能促使群眾現象興起。中世紀惡名昭彰、使一些城鎮幾乎無女性倖存的獵殺女巫行動，就是這種現象的例證。而諸如《錫安長老會紀要》等陰謀論也在中東和納粹德國排猶群眾的崛起上扮演要角。納粹的宣傳在很多方面都模仿了《錫安長老會紀要》；海因里希．希姆萊（Heinrich Himmler）[46]和希特勒深諳此道。納粹援用了那種狹隘的歸因：說所有痛苦都是一小撮猶太菁英造成。這種因果推理本身就是怪物，但群眾與生俱來的荒謬卻確保了不只是所謂猶太菁英，而是數百萬平凡的猶太人皆淪為受害者。

如此觀之，陰謀思維可說是集體重塑的一種反應，一種詮釋，但也可能反過來催生出集體重塑。不過，一般相信當今的陰謀敘事不會導致大規模的集體重塑。一九五一年，鄂蘭已預見未來的群眾將是呆板的，本質為行政官僚和技術官僚。今天，諸如匿名者Q等陰謀論會造就小規模的集體重塑，群眾衝入美國國會大廈事件[47]某種程度就是如此。就這樣，小群眾可能和大群眾正面對抗。但在身體對抗上，小群眾寡不敵眾。於是，它便以自己的方式證明了集體重塑與生俱來的盲目和最重要的：自我毀滅。如果你想要讓群眾慢下來，必須主要採取心理的手段（本章將後續討論）。相反地，肢體暴力將煽動群眾，讓他們更狂熱地相信自己具有正當性和神聖的職志來迫害、摧毀少數族群。

正因如此，陰謀思維必須在智識層面，以及道德和實務層面小心應對。那一開始固然常拿來解釋集體重塑現象，但動輒漂離航道，不再是對現實洞燭入微的看法，也常在心理層面形成過分簡化和諷刺漫畫般的觀點。集體重塑和

45 譯註：德文「Gestalt」的音譯，意近「模式、形狀、形式」等，尤指「動態的整體」（dynamic wholes）。

46 譯註：一九〇〇～一九四五，曾任納粹德國內政部長、親衛隊領袖。是納粹大屠殺的主要策劃者，二戰末期私下與盟軍談判失敗後被希特勒免職，後遭盟軍拘捕，服毒自殺。

47 譯註：指二〇二一年一月六日，有兩千多名川普支持者衝進美國國會大廈，擾亂正統計二〇二〇年美國總統選舉結果的美國國會聯席會議。

極權主義有多大程度可以回溯到一個陰謀呢？鄂蘭對這個問題提供了一個中肯且在各方面都相當合情理的答案：多數社會動亂多少都有陰謀成分——當權者可能別無選擇，只能關起門來策劃事情——但很容易被高估。若真有什麼在幕後操盤，那通常不是什麼秘密結社，而是意識形態。是有一個團體負責掌舵和組織，但成員主要不是用計畫好、協調好的方式管理社會的陰謀菁英集團，而是一種特定思考方式，一種意識形態。愛森斯坦用這句話駁斥陰謀論的片面解釋：「事情確實是朝著掌控愈來愈嚴格的方向精心擘畫，只不過這股擘畫的力量本身是一種時代精神、一種意識形態……一種迷思【而非一個陰謀】。」社會動能從來不是單一因素引發。整個社會都以某種方式參與了它的崛起；每一個人對它的崛起都有責任。這就是為什麼對於那些渴望確定、企圖指出一名罪魁禍首來發洩憤怒和挫折感的人來說，這種微妙的論述通常不能令他們滿意。

在前三章，我們從理論著手，討論過集體重塑和極權主義的心理學。來到這裡，提出這個問題是有助益的：我們可以實際應用這個理論來做些什麼嗎？我們的分析主要強調這個現象極其複雜；用大規模陰謀加以解釋，無法給我們更多幫助。正因如此，我們必須斷定：首先，這個問題無法靠暴力殲滅一群邪惡菁英來解決。極權問題的本質在於巨大的群眾動能。這意味殲滅極權領袖將徒勞無功；他們完全可以取代。鄂蘭這麼說：

基本上，極權領袖相當於他所領導群眾的公職人員，不多也不少；他不是渴望權力、要強加臣民暴虐專橫意志的個人。因為只是公職人員，他隨時可被取代，而一如群眾仰賴他，他也仰賴他所體現的群眾。

因此，領袖可說只是群眾運動金字塔的頂端，而如果他被殲滅了，會馬上有人頂替，體制不會崩潰。

針對集體重塑和極權主義的暴力反制，若是由極權體制外的敵人發動，當然有用，例如同盟國發動反納粹德國的戰爭——但這沒有為內部抵抗提供什麼希望，也常招致反效果。當反對陣營使用暴力，群眾只會看到宣洩和出氣的正當性和「出獄許可證」：宣洩已堆積如山的挫折感和侵略性，向它視為敵人的對象（那些不肯服膺新團結的人）出氣。

鄂蘭指出，要抗衡極權，非暴力抵抗反而成就斐然。她是基於對歷史的觀察做出這個結論，例如丹麥政府與人民堅決拒絕參與納粹企圖強推的反猶太措施，成效卓著，不過鄂蘭沒有提供心理學的解釋。我們可以依照我們已經提出的心理描述做某種程度的解釋。此外，我們還可以用一種更細緻的方式來敘述「非暴力抵抗」的概念。

群眾和群眾領袖都被意識形態渲染的敘事掌握了，群眾被催眠，領導人也處在自我催眠的狀態。兩者可說都被一種「聲音」掌控（詳見第六章敘述的灌輸及大眾媒體的重要性）。集體重塑這種催眠狀態，是個人受到聲音（群眾領導人的聲音）共鳴掌控的現象。然而，並非所有人民都會淪為這個過程的獵物。在第六章，我們鑑定了在群眾崛起時，會形成三個群體：真心認同故事、被「催眠」的群眾本身（通常占30％左右）；未被催眠但選擇不要背道而馳的一群（通常占40％到60％左右）；未被催眠而積極反抗群眾的一群（約占10％到30％）。

第三群人的首要之務是要讓他們的聲音被聽見，而且要盡可能表現真誠，不要讓那個主宰的催眠之聲的共鳴變得不容置疑。要做到這件事，方法隨極權主義的過程而異（異議會受到愈來愈嚴格的審查，乃至被大眾媒體和公共場域禁止），但永遠有機會。堅定表達不同的聲音，一定會對另兩群人造成影響。如勒龐在十九世紀所述，異議（也就是第三群人的聲音）通常無法成功破除第一群人的催眠，但確實能降低催眠的深度、防止群眾犯下暴行。另外，領導者證明對異議很敏感，我們在前一章描述過，納粹領導人在派往丹麥和保加利亞後「覺醒」即為一例。堅定表達自己的聲音一般要以最平靜、最尊重人的方式進行，絕對不能侵犯他人、要隨時注意那可能造成的刺激與忿怒，但仍要不屈不撓、堅持到底。雖然異議通常會招致拒絕，某些情況甚至會招致侵略行為，但值得了解的是，群眾也需要異議，以免淪為自己的犧牲品。我們在第七章討論過這點：要是反方保持沉默，極權體制就會變成吞噬自己孩子的怪獸。基於這個理由，不管從誰的角度來看，沉默絕對不是最安全的選項。

異議也會對第二群人，也就是順從但未被催眠的那群人產生影響。相較於第一群人，這群人會對理性議論的品質作出反應。因此，異議能否以最清楚、最根據確鑿的方式分析和反駁極權主義敘事的灌輸和宣傳，就非常重要了。這理論上並不難，因為極權主義的論述，特別是過度使用數字和統計數據的典型做法，通常就是荒謬。反方必須反覆、持續透過可用於此目的的（有限）管道，刺穿表象的羅網，盡可能展現極權營造假象的方式。強調這點很重要：反駁的論點絕對不該以反轉集體重塑的過程、回到先前的普遍狀態（「舊常態」）為目標，因為那正是集體重塑崛起的環境——我在第六章描述過的深刻心理不安與痛苦（集體重塑的四項心理條件）。試著說服民眾回到這種環境毫無意義可言，只會招致反效果：受集體重塑掌控的人只會更頑固地堅持他們的敘事。反駁的論點應透過特別設立、專攻某些論題和主題的工作團隊，有條不紊地提出。組成這種團體本身，也為極權主義危害甚巨的影響——每一條社會連結、每一種社會結構都遭到破壞——提供了解藥。

最後，第三群人也為自己發聲。這群人多半會成為群眾發洩挫折感和侵略性的目標（請參見第六章）。這是典型的非人化——被貶為人性低劣的生物。要是這群人停止發聲，就會證實污名無誤。說話和推理是區別人類與動物的因素；停止說話便是為非人化鋪路。這個事實本身即展現繼續平靜、睿智地說話的重要性。不過還有一個重要的原因。說話會造就意義和存在的經驗；只要說話的人試著盡可能誠實、真摯地表達他的主觀真理，就有機會實現。不同意見的言論基本上不必具戰略性或注重修辭，但應實話實說、態度誠懇（見第七章）。就算直言不諱無法對「他者」造成影響，仍能對自己產生助益。最終，極權主義的荒謬就是在這種說真話的行動中顯現出來：並未加入集體瘋狂，默默、真誠地持續發表反對意見的人，人性將穩定提升。不妨讀一讀索忍尼辛的深刻證詞，了解他在囚禁古拉格八年期間勇於發言和寫作，對他自己造成哪些影響。

首要之務是繼續直言無隱。一切的成敗都取決於仗義執言之舉。這符合各方利益。仗義執言的方式——寫書、出版或受訪、在攝影機前、在商店裡或廚房流理台前、有很多人或僅少數人陪同——沒那麼重要；每一個以自己的方式大聲說真話的人，都對治療極權主義這種病症有所貢獻。要組成有意義的社會群體，不必集結一大堆人大聲說話。還記得群眾（人口中被極權化的部分）通常只約占總人口的30％嗎？有40％到50％的人隨波逐流，主要是因為群眾集結成最大一批人，聲音最響亮，這足以令他們信服。然而，群眾論述的荒誕不經也會為自己帶來損害。要是剩下的10％到20％可以組成「反對群體」（而未變成群眾！），並且能夠以合情理的方式堅決表達另一種聲音，這群人將能瓦解集體重塑，或最起碼能讓社會脫離它的掌握。另外，不順從的群體務須銘記的是，群眾（和極權體制）天生會自取滅亡，長期而言一定會消滅自己（見第七章）。我們未必需要壓倒極權體制，重要的是設法活下去，活到它自我毀滅之後。

要突破集體重塑，還有一個更具策略性的選項值得考慮：拿新的焦慮對象取代原本的焦慮對象。集體重塑是在無來由、無拘束的焦慮連上某個焦慮對象後發生（見第六章）。如有另一個引發更多焦慮的對象存在，便可能切斷這個連結。例如我們可以嘗試傳播將極權政權本身視為焦慮對象的非主流敘事（由此開啟極權主義的惡性循環）。如果在此同時，這個故事也能提供應付那種新對象的策略，個人焦慮的重新定位便可能更持久。這可能有某種程度的效用。如果適度採用這種策略，就相當於以充分理由提醒人們真正的危險何在。然而，如果把這當成首要策略，也就是將全副心力集中在灌輸焦慮，便可能逾越道德界線，漂入非人化的過程，那就與典型的集體重塑過程無異了。

▼

至此，我已經提出幾個防範集體重塑心理機制的準則。當然，這些準則本身只是表面。歸根結柢，群眾和極權主義之崛起深植於機械論的思維（如本書前五章所討論）。因此，歸根結柢，我們必須超越機械論意識形態，才能提出堅實的社會文化方案。最後三章，我們將探究機械論意識形態是否有些餘地，能提供我們另一種世界觀和人類觀。

PART

3

機械論世界觀之外

CHAPTER 9

死的宇宙 VS 活的宇宙

下面這句話大致上就是我們在這本書提出的因果推理：機械論意識形態致使愈來愈多個人落入社會孤立的狀態，因缺乏意義，有無來由的焦慮和不安，以及潛伏的挫折感和侵略性而心神不寧。這些條件造就大規模且持久的集體重塑，而這樣的集體重塑繼而導致極權國家體制的興起。

因此，集體重塑和極權主義其實都是機械論意識形態的症狀。就像個人的身心**症狀**，這些社會症狀暗示社會有潛在的病症：在這個例子，是有一大部分的人口感覺社會孤立，且深受焦慮和無意義之苦。也一如個人的症狀，它們營造出「疾病的獲益」（disease gain）。例如，它們將社會孤立和恐懼的經驗轉化成連結的假象。跟個人的症狀一樣，它們營造出疾病的獲益，卻未能解決潛在的問題本身。

正因如此，我們需要分析這個潛在的問題——也就是症狀的肇因，即機械論意識形態。社會主要被**想法**圍攻。做為一個社會，我們必須致力的最根本變革，不是實際的變革，而是意識的改變。本書第一部分，我們探究了機械論意識形態造成的心理問題；在這最後一部分，我們將探究可以如何超越這種意識形態。在這一章，我們將深思機械論意識形態的核心特色之一。這種意識形態視宇宙為邏輯上可知、可預測、可掌控、無目的的機械過程。最重要的是，它視宇宙為死的、無意義的既定條件，就像死的基本粒子之間盲目行機械作用的互動。儘管這樣的世界觀與物質觀自詡為唯一有科學根據的觀點，但只要徹底檢視一番，我們便明白，從科學的觀點來看，這種世界觀其實已經過時。

▼

人存在多久，機械論的世界觀就存在多久，或者，至少在我們所謂西方文明初期就已存在。西元前四百年前後的古希臘時代，諸如留基伯（Leucippus）[48]和德謨克利特（Democritus）[49]等原子論者已經在捍衛這樣的構想：宇宙整體本質上是不斷進行機械互動的物質粒子的集合體。當時那些粒子已經被稱作原子（atom），意思是「不可分割」（indivisible），或者，更確切地說，是「不可切割」（unslicable，即古希臘文「atomos」的原意）。

然而，一直要到啟蒙運動，機械論思維才蔚為主流，提供西方文化碩果僅存的「宏大敘事」。如我們在第一章討論過的，這種意識形態甚至供應一種創世神話：萬事萬物都是從「大霹靂」啟動宇宙這部機器開始，再經由一連串機械作用，先後創造出一系列無機元素和生物。依照這種推理，世界是個無生命的機械過程，是基本粒子碰撞產生的巨大連鎖反應，那無止盡地持續著，沒有目的，沒有方向，而在這過程的某處，隨機創造出生命與人類。

這整個過程被視為完全可以預測。法國數學家皮耶─西蒙．拉普拉斯的說法或許最為率直：

所以我們應將宇宙目前的狀態視為其先前狀態之果，和後續狀態之因。假如有一瞬間，有一種智慧能夠理解所有驅動自然的力量，以及構成自然的生物的個別處境……它會用同樣的公式含括宇宙最大天體和最輕原子的運動；對它而言，沒有什麼是不確定的；未來，一如過去，通通呈現在它眼前。

多數哲學家認為這樣的世界觀一派天真。例如伯特蘭・羅素（Bertrand Russell）[50]就在「羅素悖論」中主張，絕對沒有任何實體可能擁有完全的知識，不論它的運算能力有多強大。這樣的實體必須完全認識自己，也完全了解本身是完全認識自己的實體，以此類推，乃至無窮。二十世紀，海森堡也

48 譯註：西元前五〇〇年～前四四〇年，古希臘哲學家，率先提出原子論，為德謨克利特的老師。此外還提出因果原則，認為「沒有什麼事情會無故發生，事情發生都有原因和必然性。」

49 譯註：西元前四六〇年～前三七〇年，古希臘哲學家，原子論創始者，並由此進一步建立了認識論。

50 譯註：一八七二～一九七〇，英國哲學家、數學家、邏輯學家，著作包括經典《西方哲學史》，提出羅素悖論，是關於集合的內涵問題，著名的「理髮師悖論」為其中一例：某地唯一的理髮師立下規定：只幫自己不理髮的人理髮。那麼，理髮師應該為自己理髮嗎？

具體證明這點：我們不可能確切無疑地說明基本粒子。粒子在時間上的位置被判定得愈精確，它在空間上的位置就變得愈不確定。「宇宙不僅比我們想像的奇妙，也比我們可以想像的奇妙。」（請參閱海森堡的「不確定性原理」。）

宇宙的基本元件——原子，顯然比前人所想的更複雜、更難以捉摸。研究人員愈努力抓住它們，它們就愈容易從他的指縫溜走。它們不再是古希臘人想像的微小實心球體，二十世紀的物理學證實原子是不停旋轉、富有能量的系統，是振動模式而非實心物質。沒錯，歸根究底，原子甚至證明完全不是物質現象，而是屬於有意識的秩序（order of consciousness）。二十世紀的偉大物理學家相信原子不過是種意念形式（thought form），是呼應研究者意識的心理現象（我們將在第十章繼續討論這點）。

我們當然可以更深入鑽研量子力學的發現，來進一步相對化機械論宇宙的觀念。但量子力學訴說的現象，是位在多數人永遠無法觸及的維度。誰會直接觀看次原子的世界呢？在這方面，還有一個科學領域提供更好、更具體的觀點，也就是複雜動態系統理論和混沌理論。這些理論處理原則上人人都可用感官察覺的現象，而那些現象以同樣令人信服的方式闡明了機械論觀念的局限。

▼

當傑出數學家、公認混沌理論建立者之一的本華・曼德博加入ＩＢＭ之際，他要正面對決的是干擾電腦訊號的噪音問題。訊號是透過電話線傳輸，而噪音是一連串外部因素造成，例如潮濕、電話線材料不佳、小電磁干擾等等，以偶然、不可計算的方式妨礙訊號傳輸。我們只能假設這些因素是隨機且各自獨立地發生，因此，一般而言，電話線上的噪音不可能有任何一貫性。

但曼德博不是人家信什麼他就信什麼的那種人。他大膽假設，噪音說不定真有什麼模式。「只因不合理，不代表它不存在」，他說。結果他是對的。在噪音方面，他發現了一個知名的數學模式，名為「康托塵」（Cantor dust）。只要反覆將一條線分成三段，且每一次都刪掉中間那一段，人人都可輕易重現這種模式。

當然，最重要的問題如下：一連串獨立顯現的隨機因素，怎麼可能形成有規則的模式呢？電纜線被螺絲起子刮傷，和大雷雨的磁干擾，怎會成為同一模式的一部分呢？彷彿為了排除任何巧合，種種偶然的機械干擾都被吸進一個穩定且嚴守數學規律的場域。詹姆斯．葛雷易克這麼說：「生命從失序的汪洋中汲取秩序。」電話線上的噪音似乎會**自己組織起來、形成條理**。在生物體內，我們一直錯誤地認為這種自我組織的特質稀鬆平常。生物呼吸空氣、吃吃喝喝，而這種種迥異的元素造就了身體的規律。然而，一旦這種現象顯現在無機的世界，我們卻認為那令人困惑，且與盛行的世界觀相反（確實如此）。

另一個例子是如勞勃．蕭（Robert Shaw）所證明，水滴從水龍頭滴落的規律性。這是來自日常生活的實例，人人皆可觀察。我們用一個相對簡單的數學步驟就足以證明每兩次滴水的間隔時間是有數學規律性的，若以視覺方式呈現，那還會形成漂亮的有機圖案。可是在這個例子，我們也遭遇奇妙的悖論：水滴滴下來的時刻，一方面會受到一連串互不相干的外在因素影響——水的表面張力、溫度、周遭空氣的振動、水龍頭邊緣的質地等等。但另一方面，它又似乎遵循嚴格的規律。種種不相干因素怎會導致一致的模式？這個原因很難，甚至不可能在機械論世界觀的框架中解釋。當然，這種規律可能被某種干擾打斷——例如故意用你的手指堵住水龍頭的出水口。然而，在干擾停止後，很難判斷這和其他外在因素有何差異——系統又會回到自發性的平衡，規律自行恢復。

葛雷易克對此有以下說法：「研究混沌動態的人士發現，簡單系統的失序行為，充當了創造的過程。它創造了複雜性：組織嚴謹的模式，有時穩定，有時不穩定，有時有限，有時無限，但永遠擁有生物迷人的魅力。」請注意創造和生這兩個修飾語。古典科學方法向來忽略物質的創造和生命層面。

和上述例子多少有點相似，「碎形理論」（fractal theory，混沌理論的子域）呈現出諸如葉子、植物、樹木、海綿、水藻等自然形態集合，也具有出乎意料的數學確定性。最知名的例子或許是漢斯．麥因哈特（Hans

Meinhardt）[51]研究的貝殼圖案、曼德博集合，以及由費氏數列（Fibonacci sequence）[52]決定的螺旋形。最後一個例子簡單到連非數學家都能輕易理解。費氏數列從數字0和1開始，之後各項是由前兩數相加而得（所以前幾個數是1、1、2、3、5、8，以此類推）。此數列決定的螺旋曲線，在大自然隨處可見。伽利略一六二三年那句名言：「自然這本書是用數學的語言寫成」，看來要讀它的字面意義了。

讓我們更仔細觀察一個例子。愛德華．羅倫茲的混沌水車所製造出的運動，與液體和氣體對流模式的動態極為類似（見圖9.1）。這個機械裝置是由MIT馬爾庫斯教授（Willem Malkus）在一九七二年設計，表現羅倫茲的研究成果。羅倫茲是數學家、氣象學家，也是混沌理論的創始人之一。裝置包含一個轉輪，輪上繫著數個小水桶，桶底有洞。頂端有個水龍頭，將水注入最上面的水桶。若注水量很小，水輪不會轉動，因為水從桶底流出的速度，比注入的速度來得快。若稍微增加注水量，那個桶子會裝滿，輪子便會開始轉動，有時朝一個方向，有時朝另一個方向。一旦轉輪選定一個方向，它的行為就會變

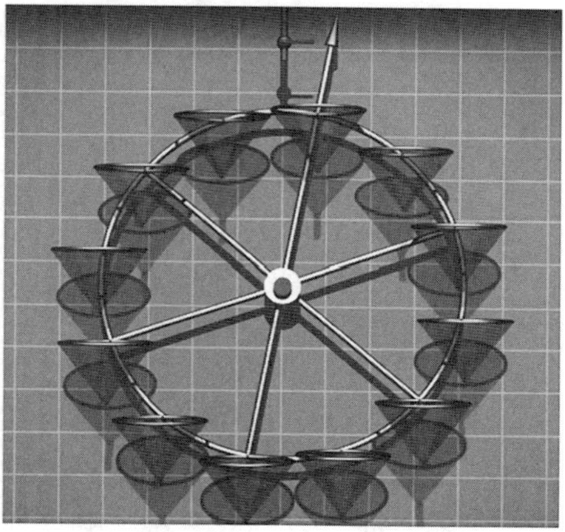

圖 9.1 ｜羅倫茲的水車

得規律、可預測且和注水量呈正相關：注水量愈大，輪子轉得愈快。

但如果注水量超過某個限度，便會產生一連串複雜的效應，致使轉輪出現怪異的行為。最上方的桶子一開始會注到滿出來，讓輪子快速轉動。但接下來，因為速度太快，其他桶子沒什麼機會在經過頂端時裝滿。這會使輪子慢下來，甚至暫時停止，之後再繼續朝同方向，或反方向旋轉。這個過程會反

51 譯註：一九三八～二〇一六，德國發展生物學家，以生物學圖案形成領域的開創性工作著稱。

52 譯註：以義大利數學家費波那契（Leonardo Fibonacci，約一一七〇～一二五〇）為名。

覆發生而呈現無數種變化，輪子有時轉得很快，有時慢慢轉，有時朝同一個方向轉很久，有時不斷變換方向。此混沌階段的不規則性被證明是完全無規則，也就是說，輪子的運動沒有（嚴謹）重複的模式或重複的週期。

不論這些運動看起來有多混亂，令人吃驚的是，它們證明是嚴格決定的。它們可以用一個包含三個疊代微分方程式、有三個未知數的數學模組來描述（方程式本身其實是複雜得多的納維—史托克〔Navier-Stokes〕對流方程式[53]的簡化版）。與轉輪的混沌行為一致，這些方程式的（無限）級數解也沒有表現出週期性。或者，換句話說，方程式產生的未知數數值集合，也沒有反覆出現的模式。

因此，水車的動態非常近似無理數的結構（例如π）：其小數點後的數值也沒有顯現任何週期性。這些數字被歸為「無理」主要是指這些數字不能被寫成分數或比率。然而，就世俗的詞彙，用「不理性」來解釋「無理」也不算錯。這樣的數字確實不能以理性設想。這使它們在有邏輯秩序、理性的世界觀中具有顛覆性。希帕索斯（Hippasus）[54]，畢達哥拉斯的門生，被公認為發現無理數的人——就親身經歷過這樣的無理。傳說他在和同門師兄弟搭船時，闡述他憑直覺相信世上存在像無理數這樣的東西，立刻被扔進水裡。這清楚說明了：比率的限制很容易導致**不確定、恐懼和侵略性**。

把混沌行為和決定論結合起來，便賦予水車「必然不可預測性」的迷人特質。這相當於下面這句話：就算手邊有水車的公式，也不可能預測它的行為，就連提前一秒也不可能。道理很簡單：要能夠預測水車未來的行為，你需要測量水車目前的運動狀態，並帶入公式中。但由於轉輪的性質使然，當前運動狀態的任何微小差異，哪怕小到無法測量，也可能導致未來行為的極端差異（在系統理論中，這稱為「對初始條件的敏感性」〔sensitivity to

53 譯註：以法國工程師和物理學家克勞德—路易・納維（Claude Louis Marie Henri Navier）、愛爾蘭物理學和數學家喬治・史托克（George Gabriel Stokes）兩人命名，是描述液體和空氣等流體運動的微分方程式。

54 譯註：生於約西元前五百年，畢達哥拉斯的弟子，當時畢派認為世上只有整數和分數（有理數）。希帕索斯卻發現了$\sqrt{2}$為「無限不循環小數」，即無理數。

initial conditions」）。因此，水車的未來將永遠蒙著神秘的面紗。

羅倫茲的水車故事之中，最令人神魂顛倒的情節是：在某個時刻，他想到將方程式裡三個量的連續值標在一個三維正交坐標系，亦稱為混沌理論的相空間（phase space）。妙就妙在，它不只是各點隨機聚成的星雲——人們聞聽混沌行為系統，一般會預期見到這個。真正浮現的是一個非常規則，且具有驚人美學特徵的圖形，此後，這個圖形就被稱作「羅倫茲吸子」（Lorenz attractor，見圖9.2）。

葛雷易克說：「物理系統的相空間描繪暴露出用其他方式看不到的運動模式，就像紅外線風景攝影可以揭露人類感知範圍外的圖案和細節。」羅倫茲率先證明某些看似混亂的行為仍是由某個嚴謹（且莊嚴）的秩序決定，而且可以在相空間視覺呈現。在水車看似混亂的表象背後，隱藏著一種由普遍形式構成的美不勝收的秩序，在許多方面讓人想起柏拉圖的理想世界。量子物理學家也抵達了柏拉圖著名的理想世界，不過是經由一條不同的路徑。海森堡說得或許最率直：「我認為現代物理學已明確決定支持柏拉圖了。物質

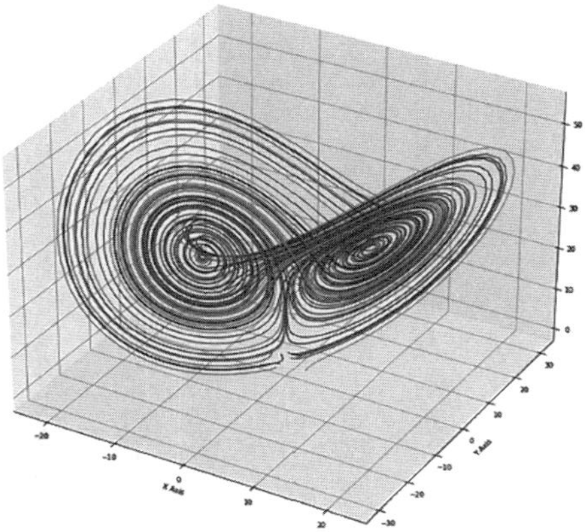

圖 9.2 ｜羅倫茲吸子

的最小單位不是一般觀念中的物體；而是形式、意念……」

這無疑是那部水車教給我們最重要的課題：我們無法預測水車的特定行為（起碼不能在其混沌時期預測），但我們可以學習它運作的原理，並學會感受那些行為混亂表象背後的莊嚴之美。因此，沒有所謂理性的預測，只有某種程度憑直覺的預測。早在一九一四年，亨利·龐加萊（Henri Poincare）[55]就主張，要憑直覺理

55 譯註：一八五四～一九一二，法國最偉大的數學家之一，也是理論科學家。

解某些現象，憑直覺做預測，邏輯理解不見得必要。即使對某種現象沒有充分的邏輯認知——例如羅倫茲吸子，也可能精確感受那種現象潛在結構的整體性。龐加萊甚至進一步指出，追尋關於某種現象的邏輯知識，一旦到達某種程度，反而可能適得其反。在面對現象的不理性層面時，堅持獲得理性認識會妨礙我們憑藉更直接的感受力來做成結論。

做為旁觀者的你，對水車會有什麼樣的觀察，取決於你有多專注。如果你分別觀看每一次獨立的運動或運動序列，就會覺得那些運動混亂而互異。水車就像由一次次戛然而止的來回運動組成的雜音。然而，要是你能「感同身受」，感應種種運動中更深層的韻律（就像羅倫茲吸子的圖案所展現），那你就能感受到種種表面運動底下不受時間影響且饒富創造力的和諧，而水車就會變成一種撫慰心情的現象。

在這方面，水車教給我們的道理可以廣泛應用到人類、社會、生命與自然上。一如水車，自然界多數現象都是複雜、變動、不可捉摸的。但也一如水車，生命會遵循特定的原理，而看似混亂的表象底下，都隱藏著莊嚴的現象。因此，這或許就是一個人最大的功課：穿透一切存在事物的複雜，找到生命永恆的原理。愈清楚感受那些原理，我們就愈覺得自己開始了解生命的真諦，並和那個跨越宇宙跟我們說話、宏偉有序的原理建立連結。愈堅守我們的原則，就算那暫時看似對我們不利，那些原則就會變得愈真實，生而為人的我們也愈能培養出真正的存在感和毅力。太過投機、只因對境況的「聰明」分析顯示可能有利便放棄我們的原則，往往會導致喪失個體性、招致無意義的經驗。如果我們過分關注生命的表象而失去與根本原理和圖形之間的聯繫，就會逐漸感覺人生就像羅倫茲的水車那樣，是一場毫無意義的混亂。

同樣的道理也適用於社會層面：社會首先必須和若干原則和基本權利保持連結，例如言論自由、自決權和宗教信仰自由等等。要是社會未能尊重這些個人基本權利，要是社會任憑恐懼不斷加劇，使得每一種個體性、親密、隱私和自主性都被視為「集體福祉」無法容忍的威脅，它就會敗壞成一團混亂和荒謬。相信宇宙本質為機械，進而高估人類智慧的力量——這是典型的啟蒙運動思想，使人們傾向以愈來愈不講原則的方式領導社會。在純機械論的思維框架裡，要建立道德原則格外困難（即使並非不可能）。機械宇宙中的機器人幹嘛遵守與人際有關的原則和道德規範呢？歸根結柢不就是最適者生存？因此，道德和原則不就成了阻礙，而非優點了？於是，對啟蒙運動人士來說，要不要遵守戒律、禁令或倫理道德原則不再是問題，他們的問題是要如何根據世界的「客觀知識」、以最有效率的方式度過這場適者生存的奮鬥。這在極權主義及技術官僚的政府形式中達到高潮，在這樣的政府，決策不是基於普遍適用的法則和原則制定，而是根據「專家」的分析。因此，極權主義總是選擇廢除法律，或是不執行法律，而屬意「靠政令」統治。也就是說，每一次遭遇新的情況，都要根據對該情況的（偽）理性評估來制訂新規。歷史一再闡明這會導致乖僻、荒謬、朝令夕改的統治，最終摧毀社會裡的所有人性。

這或許是漢娜·鄂蘭的命題最直接、最具體的說明了：歸根結柢，極權主義是天真相信人類理性萬能的症狀。因此，極權主義的解藥繫於這樣的人生態度：不被對於生命表象的理性理解所蒙蔽，力求與表象底下的原理和圖形保持連結。

混沌理論和複雜動態系統理論開啟了令人讚嘆的新宇宙觀。葛雷易克在備受好評的著作《混沌：不測風雲的背後》（*Chaos*）中指出，混沌理論是二十世紀第三偉大的科學革命（僅次於相對論和量子力學）。機械—唯物論科學是從這個假設開始：世界遵循邏輯、可以預測，以及最重要的——基本上是無生命的機械過程。科學的目標是將活的現象——生物現象、意識等等——簡化為死的過程（例如簡化為機械化學過程）。量子力學和混沌理論撼動了這種世界觀。它們點燃了反向的動力，更貼近生機論（vitalism）[56]的世界觀。它們暗示各種我們先前認為是死的機械過程的現象，都有生命和意識。想想電話線的噪音：它證明不是各種機械因素的被動效應，而會自我組織；它的特色是有目的、有美感。

56 譯註：是人類歷史最悠久的科學哲學學說，認為生命擁有自我的力量，或稱生命力，乃至靈魂、氣，這些皆非物質，因此無法完全以物理或化學方式解釋。

混沌理論最具革命性的面向或許是它的觀測結果讓我們明白，大自然確實有個最終形式因（formal cause）在起作用。這些概念來自亞里斯多德的因果論，也是我們在思忖因果過程時不可或缺的。概括而言，因果論指原因有四種：質料因（material）、動力因（efficient）、形式因（formal）、目的因（final）。亞里斯多德用製作雕像的隱喻來闡明此四因之間的差異。雕像的質料因是製造雕像的材料（沒有這種質料，就沒有雕像）。動力因指雕塑家的動作，他用鑿子和槌子把石頭變成雕像。形式因是雕像的概念或形式——那已在雕塑家的腦海成形，會決定他如何指揮自己的動作。目的因是製作雕像的目的，例如有人向雕塑家訂購雕像。顯然，若依照機械論世界觀，唯有質料因和動力因被認為有效。很久以前，物質粒子集合成的機械宇宙啟動，其餘一切都是跟隨粒子的初動而動。因此粒子本身就是質料因；它們的運動，因為產生林林總總的效應，便是動力因。然而，在這樣的世界觀裡，無法假設先有某些將影響質料工序的「形式」或「想法」存在（例如某些生物的想法）。

混沌理論證實這樣的形式的確存在，且以協同方式運作。電話線上的噪音和水龍頭滴落的水滴已經證明的事實，還可以拓展到更廣大的範疇。混沌理論向我們證明，令我們屏息凝視、嘆為觀止的壯闊山景不僅是無生命機械過程（構造板塊、侵蝕、熔岩噴發之間的偶然機械過程）的結果，而是有個永恆而崇高的構想，協調了無數與其形成有關的機械過程。混沌理論（或許比量子力學更甚）預示了一個新時代的來臨：揮別啟蒙時代後，宇宙將再次充滿意義的時代。

CHAPTER 10

物質與精神

機械—唯物論世界觀的第一個基本假設是宇宙是一部機器，是符合機械論的前提，透過理性推理就可以徹底了解。前一章，我們討論了這個定理的相對性。這一章，我們將處理機械唯物論的第二個重大假設：凡隸屬意識與心理領域者，都是物質現象的結果——也就是**物質重於精神**。

每每論及身為人類的心理面向，當代公開論述便表現出相當程度的模稜兩可。一方面，心理安康被認為至關重要。大家相信壓力不利健康，承認安慰劑效應在醫療干預上扮演要角，也多少算普遍認定「說說我們的問題」很重要等等。

另一方面，世界仍被機械論的世界觀和人類觀牢牢掌握。甚至比以往更甚。在這種意識形態下，每一件屬於意識和心理經驗領域的事物，最終都被認為是大腦生化作用無足輕重的副產物。人的渴望和嚮往，人的愛欲和最膚淺的需要，人的快樂悲傷，人的懷疑和選擇，人的愉悅和受苦，人最深的憎惡和最崇高的美學欣賞——簡言之，他完整的主觀經驗世界——被簡化為大腦基本粒子依據力學定律互動的結果。

顯然，這種觀點必須認為任何人生的心理途徑——延伸到任何宗教或精神修行，都是不理性的形式。任何應用這種概念框架的療法，充其量為權宜之計（「一時的ＯＫ繃」），或可暫時容忍，等到發現真正的生物學療法，來解決人類受苦真正的生物學原因。憂鬱源於大腦，如果我們用心觀察，有朝一日一定能確切證明哪個機械錯誤是它的根本肇因，然後用機械方式修補那樣的機器失靈。

依據這樣的世界觀，人們或明確或含蓄地認定科學有等級之分。最根本的是物理學，即基本粒子之間的機械性互動，其他一切都只是跟著這個過程走。物理學決定了無機化學；無機化學決定了有機化學；有機化學決定了解剖學和生理學；解剖學和生理學決定了心理學；心理學決定了經濟學、政治學和社會學（請參見圖 10.1）。歸根結柢，萬事萬物都可以回溯到物理學和化學。

雖然這種世界觀廣為流傳，也因為簡單而具說服力，但科學其實已使它過氣。首先，量子力學，也就是基本物質粒子的科學證實，試圖在物質知識的層次徹底解釋意識領域，是毫無意義的事。在某種程度上，基本粒子本身即是由意識領域決定——例如在實驗期間的精神感知行為。以下情況固然看來不可思議，但確是事實：如果有兩個人同時觀察一個粒子，那同一個粒子便可能同時存在兩個地方。

另外，粒子的瞬間定位（localization）不僅由觀察決定，也由該粒子在觀察那一瞬前數十億年以來行經的整條軌跡決定。唯有在觀察的那一刻，才能確立過往的軌跡。舉世聞名的物理學家史蒂芬・霍金（Stephen Hawking）指出：「【粒子】要在這種情況下走一條路徑或兩條路徑的選擇，在數十億年前，地球甚至我們的太陽形成之前就已做出，但我們在實驗裡的觀察將影響那個選擇。」這些洞見與我們經歷和理解時間、空間和物質的方式如此迥異，人類心智著實難以理解。尼爾斯・波耳（Niels Bohr）以這句話表達觀察

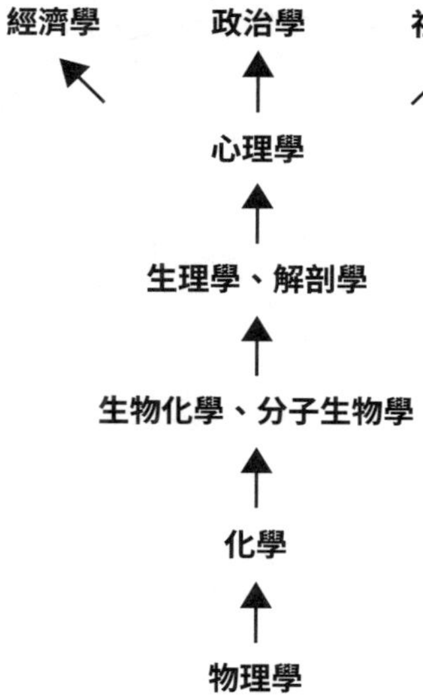

圖 10.1 ｜機械唯物論思維模式裡的科學階層組織

量子力學的奇異：「沒為量子力學大驚失色的人，是沒有了解它。」

正因如此，我們明白這個科學階級——物質領域決定了物理學範疇、心理學範疇——普遍站不住腳：做為心理生物的人，同樣決定了實物領域。因此，我們必須至少假設意識和物質之間會相互影響，或有循環因果關係（見圖10.2）。多位量子力學奠

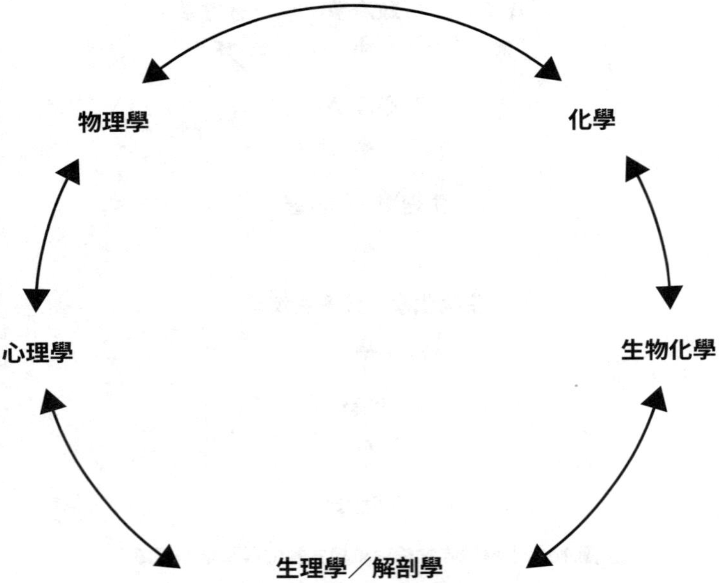

圖 10.2 ｜不同科學領域之間的循環因果關係

基者甚至進一步認為物質領域基本上只構成意識範疇的一部分。誠如維爾納．海森堡所言：「事實上，物質的最小單位不是一般觀念的物體，而是形式、意念。」邏輯實證主義哲學家伯特蘭．羅素也有相同的看法：「我們所有資料，包括物理學和心理學的，都取決於心理學的因果律……在這方面，心理學更接近真實存在的東西。」

機械論世界觀完全基於這樣的概念：物質粒子是穩固的、絕對的、「客觀」的資料，可由此推論出其他一切。但量子力學展現了截然不同的事。你愈是複雜地檢視物質，觀察的行為本身就愈容易影響感知，感知也就變得愈主觀。因此，與海森堡的不確定原則完全吻合，我們可以說，物質——曾被視為機械唯物論堅若磐石的基礎，原來本質上是一種主觀現象。到底什麼是物質？沒有人知道。

正因如此，就算完全了解大腦的物質性，也永遠無法徹底了解意識。每一項把大腦視為意識物質基礎的研究，都會在某個節骨眼碰到一個絕對的界限，越過那個界限，意識本身便開始決定物質了。這證明心理學範疇才是首要面向，無論如何都不可能簡化為物理學、化學或生化領域。而在治療的層次，這也意味心理治療確實可能是成熟的治本之道。

▼

對於「機械唯物論決定心理經驗」的幻覺，量子力學或許是最根本的駁斥，但不是最具體的。有許多觀察資料以更直接的方式顯示心靈很難，甚至不可能簡化為機械性的大腦裝置。

例如有人腦部組織幾乎全部壞死，有時剩不到5％，心智功能仍完全正常，甚至在智力測驗拿下高於一三〇的高分。為清楚起見，我不打算探討晦澀的主張，僅只談論《刺胳針》和《科學》期刊刊登的科學研究。造影或驗屍結果清清楚楚顯示，這些人的腦室幾乎完全充滿流質（見圖10.3）。

原則上，這些觀測資料並未排除生物學決定意識的情況。它們只表明，若真有這樣的決定性存在，本質必定極為複雜，而大腦，套用複雜動態系統

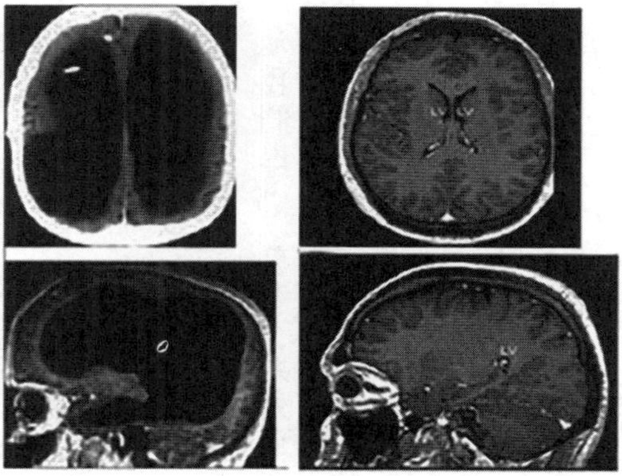

圖 10.3
右圖為腦部組織完好者，左圖為腦部組織幾乎全部壞死，但心智功能依然良好者。左圖顱內的黑色區域顯示腦部組織壞死所釋放的空間，已被流質填滿。

的術語——起碼擁有自我組織和自我重組的特性。所剩無幾的大腦組織，似乎自動接管死去腦部組織的機能。然而，這樣的重組本身即是以腦部組織有若干意識和意圖為前提。因此，「意識完全由腦部物質基質決定」的假設最終會陷入循環論證：意識是腦部物質運作的結果，腦部物質運作（某種程度）是意識產生的作用。

與此類似，也有科學家針對所謂「神經可塑性」

（neuroplasticity）做了實驗。心智活動（例如數學或記憶訓練）會致使腦中的生物化學和結構在相對短的時間內，發生看得見的改變。這也證明意識與大腦之間的因果關係並非單向。

▼

我們也可以參考一系列直接顯示心理範疇可能為物理範疇之因，而非其果的觀測資料。其中有些是從日常生活頻繁發生的事件觀察而得。最平凡的莫過於某些情緒會如何影響身體，或者人的頭髮怎麼會在極度恐懼或悲傷的影響下一夜花白。或者正面一點來看：人會在某些情況得到超乎想像的力量拯救摯愛。著名的一例是佛羅里達州六十三歲的祖母蘿拉・舒茲（Laura Schultz），一九七七年，她竟一手舉起學校巴士的前輪，用另一手把她的孫子從車底拉出來。

這樣的例子應該足以打開我們的眼界，讓我們相信，我們需要投入更多心力來更深入地了解心理經驗。奇怪的是，很多時候，人對這些自身經驗的直接證據視而不見，反倒更容易輕信「科學家」「觀察」到的事情，就算科學家必須仰賴「盲目的信仰」。儘管如此，我仍然樂意提出一些有關這方面的科學發現。

▼

俗稱的「心理神經免疫學」領域讓我們得以評估焦慮與壓力在病毒感染過程扮演的角色（這當然不是和新冠危機毫無干係）。數項研究顯示，在實驗中被誘發出壓力的老鼠，死於病毒感染的可能性高40％。這個運作機制眾所皆知：壓力會導致免疫力下降（主要是因為荷爾蒙和白血球濃度改變），因此更容易受病毒危害。二〇一六年，一項研究證實同樣的機制也在人類身上運作，且對各種生理疾病的死亡率造成重大影響。對新冠危機而言相當重要的是二〇〇八年一份研究報告：壓力會導致更高的死亡率，尤其是病毒所致的肺疾，而這種效應在男性身上遠比女性顯著。這呼應了這個很難解釋的觀察結果：新冠危機的男性死者多於女性。

還有來自其他科學範疇、不需統計數據也不需動物實驗的觀察資料足以讓我們相信焦慮的致命性質。在人類學眾所皆知的是，在俗稱的原始社會，人有時會在被薩滿（shaman）詛咒後喪命。赫伯特・巴斯道（Herbert Basedow）[57]描述了澳洲原住民進行這類儀式的典型過程：

明白自己被魔骨指著的男人看起來可憐極了。他茫然失措，兩眼直直瞪著那駭人的骨頭，伸出雙手，彷彿要趕走那試圖穿進他身體的致命力量。他臉色發白，眼神呆滯，臉上表情駭人扭曲，像突然麻痺。他試著大叫，但聲音通常卡在喉嚨，旁人只見到他口吐白沫。他的身體開始顫抖，他的肌肉不聽使喚地收縮。他突然往後倒，摔到地上，那一瞬間似乎昏過去了；但他馬上開始狀似痛苦地扭動，雙手摀著臉，開始呻吟。過了一會兒，他稍微恢復清醒，爬回他的小屋。從那時起，他便日漸衰弱，病得愈來愈厲害，不肯吃東西，也不肯參與部落任何日常活動。除非有另一位薩滿解除詛咒，他不用多久就會死去。

這種死法並不稀奇，而在文獻裡，它被稱為**心因性死亡**（psychogenic death）。亨利・艾倫伯格（Henri Ellenberger）[58]進一步指明，薩滿和受害者所屬的整個社區都要相信薩滿的權威，這點相當重要。我們稍後會回到這點。

上述情況或許適用於無法超越迷信思維的非理性原始人民，但想必不適用於二十一世紀的理性西方人吧？沒什麼比這句話更背離事實了。有數不清的觀察結果顯示西方人在生理機能上同樣受這種現象支配。列日大學醫院麻醉學教授瑪麗亞—伊莉莎白・費蒙維爾（Marie-Elisabeth Faymonville）數十

57 譯註：一八八一～一九三三，澳洲人類學家、地質學家、醫師及政治人物，是同時代極少數記錄澳洲原住民傳統生活的學者之一。

58 譯註：一九〇六～一九九三，加拿大精神科醫師，著有《發現無意識》（*The Discovery of the Unconscious*）。

年來多次幫接受催眠的病患進行手術。這個程序（曾於比利時國家電視台的紀錄片呈現）看來單純得令人稱奇。費蒙維爾用舒緩撫慰的方式，對躺在手術台上的病患說話，帶領他進入放鬆的心理世界，然後向外科醫生打個不引人注目的暗號，傳達他可以開始手術的訊息。接下來，外科醫生便可輕鬆在病患身上劃出所需的切口、照規定執行醫療程序，而患者完全沒感覺。讓我們說清楚：不只有次要的醫療干預這麼做，諸如割除甲狀腺、植入義乳或切除腫瘤等手術也如此進行。

事實上，諸如此類的現象每天都在所有醫療實務，以所謂「安慰劑效應」的形式發生。這個名詞是在二次世界大戰後開始流行——眾人觀察到那時戰場上發生了好些引人好奇的情況。當嗎啡用罄，其中一位醫生提出這個構想：在截肢前給士兵注射生理實驗水，要他們安心。結果出乎他們意料，多數士兵相當平靜，彷彿注射過嗎啡似的。此後，有愈來愈多研究顯示安慰劑有可能發揮最驚人的生理效應，從打開心絞痛（angina pectoris）的冠狀動脈到重新活化大腦壞死的區域。諸如亞瑟．夏皮羅（Arthur Shapiro）和布魯斯．溫波德（Bruce Wampold）等該領域的專家都相信，安慰劑效應占所有醫療干預效應的最大比重——常超過80％。有些研究人員或明示或暗示地主張廣泛運用安慰劑來取代真正的藥物治療。我也該提到，其他研究人員根據統計研究得出的估計值低得多（有些僅得出10％的安慰劑效應）。或許這該引領我們做出這個結論：數值研究必須正確衡量。說到底，透過催眠來鎮靜和用食鹽水麻醉等簡單個案研究，遠比數值研究有科學價值，也沒有留下懷疑的餘地：至少在某些情況下，心理因素對身體的影響非比尋常。

安慰劑效應向我們展現了病患對醫療干預的主觀經驗極為重要。如果病患對干預抱持正面看法，那本身就是治療的重要環節。反之亦然：要是病患對治療抱持負面態度，這也可能產生負面效應。這就是所謂「反安慰劑效應」。有大量文獻顯示，這種效應可能產生林林總總的狀況。前文討論過的心因性死亡就是極端的例子，證明反安慰劑效應可能極度強烈。這告訴我們，除了道德因素，也有務實、理智的論點支持絕對不要讓醫療變成強制性，同時要嚴格執行自決的權利。

仔細觀察，心因性死亡、催眠鎮靜和安慰劑如出一轍：一名權威人物在被處置的人心裡喚起強大的心像。這個心像可能是正面（例如療癒）或負面的（例如死亡、生病），但那必須生動、明確地呈現在經驗之中，且必須從其他所有心智活動吸走注意力。於是，身體可說和那個心像「融合」了，也表現出那個心像的形式或情況（也就是好轉、死掉、生病）。

由生物學家來證實心像對身體奇妙、深遠的影響，可能最具說服力。哈瑞森—馬修斯（Harrison-Matthews）在反覆複製的實驗中證實，如果雌鴿從來沒有見過同類（尤其如果是在籠子裡完全隔離下飼養），牠的卵巢就不會成熟。後續實驗亦證實，在鴿籠裡放一面鏡子，就足以讓那隻雌鴿有繁殖力（不過略低於在真實同類面前成長的鴿子）。雷米・沙文（Remy Chauvin）也拿蚱蜢做了類似的實驗，結果影響更為深遠：一如鴿子，蚱蜢的器官機能受到強烈衝擊，但蟲殼上的顏色圖案也不一樣（綠色條紋不見了），後腿的解剖結構也出現差異。這些實驗執行了各種變因，而結論始終一致：決定因素是視覺圖像是否存在於受測動物的經驗中。

下面這件事對新冠危機來說十分重要：已有多位作者（例如勒龐）指出：群眾（彼此認同的一群個體）的信念對身體的影響一如催眠。當整個社會都被焦慮和伴隨而來的疾病及死亡意象牢牢掌握，那些意象本身便成為一種因素。如前文所述，這會發生一部分是因為心理困擾削弱了免疫力，進而徹底改變病毒進入的生物環境。也請想想安托萬．貝尚（Antoine Bechamp）[59]這番話——路易．巴斯德（Louis Pasteur）[60]臨終前也支持的一句話：「微生物沒什麼了不起，重要的是環境。」

在這一章，我們主要著眼於視覺圖像對身體的衝擊。但這些形象本身又無可避免構成更重要的心理語域（register）：故事和意識形態的語域，象徵的語域。那些敘事掌控人民與社會的方式著實驚人，也屢遭誤解。我們在第三、四

59 譯註：一八一六～一九〇八，法國科學家，以應用有機化學的突破著稱，有生之年與後文提及的路易．巴斯德競爭激烈。

60 譯註：一八二二～一八九五，法國微生物學家、化學家、免疫學家。他以倡導疾病細菌學說，發明預防接種法及巴氏殺菌法聞名，常被稱為「微生物學之父」。

章討論過，每一個孩子從小就涉入語言過程。他在爸媽提供的敘事中成長，那通常也是更廣大的社會團體的共同敘事，甚至是整個社會的敘事。在其核心，這樣的故事向來是以神話的形式出現，為那些無法解決的問題提供象徵性的答案。那提供了對生命的特定觀念，解釋了何者重要何者不重要，決定什麼帶來平靜，什麼製造恐慌。事實上，馬塞爾·莫斯（Marcel Mauss）[61]等民族誌學家在在向我們證明，那決定的絕不僅於此。那還會決定你會喜歡什麼、排拒什麼（例如魚眼在剛果是珍饈，但在歐洲常惹人反感），身體的律動（可比較日本人和非洲人的步態），疼痛時會有哪些基本反射（例如疼痛時縮回手的方式因文化而異）等等。這麼說並不為過：我們的身體完全被我們成長期間的神話敘事併吞、殖民了。

這就是為什麼僅僅或主要透過話語和敘述進行的醫療程序，也可以對身體產生如此巨大的效應。只要讀讀偉大比利時／法國人類學家克勞德·李維史陀（Claude Levi-Strauss）的《象徵體系的效能》（*l'efficacité symbolique*）等文本，就能明白象徵結構對社會，以及組成社會的個人，有多大的掌控力。

那極為細膩地控制了身心的運作。例如李維史陀描述了當一名女子在分娩期間遭遇併發症，巴西雨林的薩滿反覆透過一種使用既定部落文本、向產婦朗誦或吟唱的儀式引產。文本介紹了一系列部落神話的人物，訴說許多善靈是如何穿過一條狹窄的通道，來到惡靈囚禁嬰兒的洞穴。善靈和惡靈談判，直到惡靈願意放人為止。當曲子來到故事這個部分，分娩開始。李維史陀指出，那些曲子「召喚」了女子的身體，也就是運用「女子已經長大、可以朝自己想要的方向移動身體」的神話，來重新連結她混亂失調的身體。李維史陀強調，就他所知，這種方法不曾失敗。而最令人稱奇的是，薩滿全憑直覺運作，並不真的了解他們是透過象徵性架構（神話）的效力來產生效用。

在這方面，二十一世紀的西方人與李維史陀描述的巴西原住民無異。啟蒙時代的人也是在神話中長大——訴說他的出身、讓他採取某種人生觀、將

61 編註：一八七二～一九五〇，法國社會學家，他於一九二五年發表在《社會學年鑑》上的《禮物》（法語：*Essai sur le don*），可謂是社會科學史上最重要的文本。

他的負面和正面情緒及情感連上特定刺激的故事。這個神話就是機械論宇宙的故事：宇宙是一部巨大的機器，被大霹靂啟動，而人類就像大機器裡的小機器，被牢牢掌控。說到疾病與健康時，這個故事裡的權威不是薩滿，而是醫學專家。而那名專家跟薩滿一樣，會執行一個要求病患的身體遵守秩序的儀式。而沒錯，也跟薩滿一樣，這位當代的醫師也不怎麼了解他在其中運作的象徵性架構，對於他的醫療干預有多麼巨大的影響；他也通常相信，心理學與他行醫時看到的療癒無關。安慰劑效應的巨大貢獻不僅向我們證實醫療實務有多倚賴視覺形象的衝擊，還有更重要，它有多壓倒性地倚賴象徵效應。

不論心理範疇對生理的影響有多強烈、多容易直接觀察，人——尤其是西方人，向來有個壞習慣：把注意力集中在生命的物質／生物層面，認為心理範疇僅屬次要。而我感覺只有少數人反對這種觀念。然而，否認問題因果關係裡的重要決定性因素，通常只會使問題變本加厲。

然而，這個故事的好消息也不該忽略。針對安慰劑和催眠的研究皆明確顯示，不只有負面形象會影響身體；正面形象也有類似但反過來的效應。我不認為我們可以因此對安慰劑和催眠期望太高。這兩者都有道德靠不住的面向，安慰劑是因為那本質上是一種欺騙，催眠則是因為被催眠者的心智受制於催眠師的暗示。

更重要的例子或許是那些恪守道德原則，又證明自己的身體擁有驚人恢復力的人士。索忍尼辛在《古拉格群島》中描述了格里高利・伊萬諾維奇・格里高利耶夫（Grigory Ivanovich Grigoryev）的動人故事。他先在納粹集中營囚禁數年，後來又關進史達林主義下的古拉格。他傳奇般的誠實和高貴有別於眾。他拒絕執行他認為不道德的任務，就算這樣會受到嚴懲；他拒絕參與囚犯一有機會就互偷食物的惡習；他嚴格遵守他相信適當的道德規範。索忍尼辛這麼描述格里高利耶夫的精神純潔對他身體的影響：

還有：由於他光明磊落、毫無瑕疵的人類精神對他身體的影響（雖然這種影響今天沒有人相信，沒有人了解），已經老大不小的格里高利・伊萬諾維奇（將近五十歲），在集中營竟然愈來愈身強體壯；他早年的關節風濕病徹底消失，在斑疹傷寒痊癒後，他變得尤其健康：冬天他套著棉袋就出去了——在袋上打洞讓頭、手穿出去；而且沒有感冒。

有一件事是確定的：探究如何以更心理學的方法對待人類，並善加利用這條途徑開創的可能性，做為生物還原論的替代方案，無疑是未來的一大挑戰。如果我們未能起身迎接這項挑戰，就不大可能找到持久耐用的辦法，來解決目前和未來的危機。

對於前述探究心理因果關係的科學觀察，我們傾向認為奇怪或不可置信，這只能用這個事實來解釋：歸根結柢，我們都很容易受到機械唯物論幻覺之影響。但科學根本沒有強迫我們把心理經驗視為由物質領域決定的被動經驗。恰恰相反，科學的前哨部隊——例如前面引用過的海森堡、波耳、普朗克和薛丁格等人的話——反而做出相反的結論。無疑，要更透徹地了解生物學和物質，務須先了解心理生活的結構。正因如此，科學必須將勾勒心理經驗的結構、釐清心理經驗的法則、研究這條途徑可能為人類開啟的可能性，視為其最根本的任務。

我個人認為，像是安慰劑效應這樣的現象，必須進行科學研究。它們不該讓人們沉浸在與思維能力相逕庭的秘契主義（esotericism）。李維史陀以其結構人類學證明，我們的確有可能用理性的方式，八九不離十地描述那些故事和形象的效應。他的描述從科學角度來看嚴謹到令人屏息，本質上卻徹底反機械論。這就是我們要走的路：科學不該任憑自己被機械論意識形態蒙蔽，而要盡可能擴展對於現實的理性分析，來到理性可知的絕對極限，讓理性自我超越。

CHAPTER 11 科學與真話

極權主義是相信人類智慧可做為生命和社會指導原則的信仰。它旨在營造一個由技術官僚或專家領導的烏托邦人工社會。技術官僚和專家將確保社會機器完美無瑕地運作。在這種觀念中，個體完全附屬於集體，被簡化為社會機器的齒輪（例如請參閱伯特蘭·羅素的《科學對社會的衝擊》〔*The Impact of Science on Society*〕）。

技術官僚社會的理想承襲自啟蒙傳統，特別是實證主義的分支。像是亨利·德·聖西門（Henri de Saint-Simon）[62]和奧古斯特·孔德（Auguste Comte）[63]等實證主義思想家，都表達了對人文技術官僚社會的狂熱信仰，希望科學家和技術官僚能取代教宗和神職人員。該榮耀的不是神，而是人的理性。正因如此，烏托邦社會不會有戰爭或衝突，是自由的國度。

納粹主義，史達林主義猶有過之，是歷史上實踐極權意識形態最具企圖心的嘗試。他們想實現人間天堂，而為此目的，不管做什麼都被認為具有正當性：排斥、污名化，乃至以工業手段滅絕人口中每一個不符合理想形象的族群。在這兩個例子，新的烏托邦社會，必須透過冷酷無情地應用堅若磐石的邏輯才能創造出來（請參閱第七章）。

然而，只在極權政權裡鑑定極權主義的現象，會是天大的錯誤。社會始終存在一股極權主義的暗流：一種狂熱的嘗試，盼以技術、科學知識為基礎，全面操縱和控制生活。技術官僚的思維是雙軌並行。一方面，它用人造天堂的正面形象吸引人，說我們可藉此擺脫所有逆境和痛苦。另一方面，它又訴諸焦慮塑造自己是解決問題所不可或缺。最近數十年，每有一個「焦慮對象」

62 譯註：一七六〇～一八二五，法國商人、哲學家、經濟學家、社會主義者，曾參與法國大革命，抨擊資本主義社會，致力於設計一種新的社會制度。

63 譯註：一七九八～一八五七，法國哲學家、社會學家，提出「三階段定律」，被譽為實證主義的創始人。

在我們的社會冒出來——恐怖主義、氣候問題、新冠病毒——這個過程就往前跳一大步。恐怖主義的威脅使監視裝置變得必要，而現在我們的隱私已被視為不負責任的奢侈；要控制氣候問題，我們需要改吃實驗室列印的肉、開電動車、轉型為線上社會；要保護我們防範 COVID-19，就必須用 mRNA 疫苗產生的人工免疫力，取代我們的天然免疫力。

第四次工業革命，即期望人的身體與技術融合的革命——超人類主義的理想，逐漸被視為無可避免。整個社會必須轉變為**身體的網路**，人類的身體要由技術官僚政府行數位監控、追蹤和跟蹤。要掌控未來的問題，這是唯一途徑。沒有別條路可走。拒絕跟隨技術解決方案的人既天真又「不科學」。

▼

極權主義和技術官僚喜歡自我標榜為理性和科學的尖峰。技術官僚的天堂會讓民眾快樂健康；或起碼提供最高的達成機會。運用皮下感應器，就可以記錄和回報每一個生物化學的變化。人一出現疾病跡象，就可以立刻檢查並獲得適當的治療。為了更有效率地達成這點，每一件事都必須恆久、單調地暴露於人工監視與政府掌控下。在技術官僚的世界觀中，人像花一樣唯有偶爾享受到隱私遮蔭才能綻放的事實，並沒有那麼重要。拒絕服膺體制的人是欠缺文明觀念，把自己看得比群體重要。因為有些疾病會傳染，你的健康不再是你個人的事。然而，數十年來，即便從客觀化的生物還原論觀點來看，太多（政府）管制其實對健康有害。就以病毒感染為例：管制會導致壓力，而壓力會繼而大大削弱身體對病毒感染的抵抗力（例如可參見第十章，死亡率增加八成）。奉行生物還原論的分析實際上就是失敗的處方，就算就純生理層面來看也一樣。僅透過顯微鏡的小環形燈觀察病毒的機械過程，並無法了解病毒感染的整個進程——心理、社會、經濟脈絡都扮演重要角色。黑格爾（Hegal）[64]已經知道：「整體才是真相」（Das Wahre ist das Ganze）。

64 譯註：全名 Georg Wilhelm Friedrich Hegel（1770 – 1831），德國哲學家，是德國十九世紀唯心論的代表人物之一。

這正是二十世紀的科學驚人地向我們展現的事：所有大大小小的事物彼此連結，萬事萬物都只是一個包羅萬象的複雜動態系統的一部分。

要了解病毒性疾病的進程——廣而言之，要追求健康快樂——我們必須仔細思忖人和社會，並觀察自然的法則。如此一來，那些重要的生命問題，被機械論意識形態貶入第二層的問題，又浮出檯面了：我們這些懷有欲望的生命，究竟是誰？我們要怎麼和其他人，和我們的身體、愉悅、自然、死亡和睦相處？我們在自然的定位為何？這些問題永遠不會有明確的答案。每一個人都必須在每一個新處境重新建構這些問題的答案，而答案永遠無法以純理性的方式做最後的判定（請參閱第九章）。全憑理性來理解和掌控現實，並無法抵達科學的終點；要抵達科學的終點，就一定要接受人類的理性有所局限，接受知識不屬於人，而是坐落於更廣大的體系，而人僅是那個體系的其中一分子。

就這樣，我們來到一個有趣的應力場。一方面，你見到科學持續發展：理性知識穩定成長，愈來愈多現象向我們展現它們遵循的法則。但另一方面，你也見到科學的進展走向事物非理性的核心，走向不讓人類理解的什麼。而這個什麼，不只是所有被觀察事物無關緊要的面向，而是生命的本質（見第三章）。就在這個層次，我們可以領會，隨著世界繼續理性化，人類卻愈來愈覺得生命的本質難以掌握，也愈來愈常面臨缺乏意義、焦慮、心理不適和挫折的經驗（見第一部分）。可以預期的是，我們遭遇的一連串危機，將讓機械論意識形態中的矛盾，以及相關偽理性補救方法的失敗愈來愈明顯，而會有一群人愈來愈清楚地見到許多科學的奠基者早就看到的事：事物的本質並非理性可知；現實不能簡化成機械論的架構。一旦明白這點，我們總算可以開始在真的找得到的地方尋找生命的真諦：在那些總是逃脫理性化和機械化的現象之中，你一數位化便從對話消失的事物之中，母親的子宮與人造塑膠子宮的差異之中，電熱器和柴爐產生的熱的差異之中等等。

▼

科學的旅程並非結束於卓越的知識，而是終止於一種蘇格拉底式的謙遜：在這場旅程走了夠遠的人更加明白——他就是知道，所有理性的知識都是相對的，且與他試著了解的客體本質截然不同。在旅途終點等待我們的是一場邂逅：我們將遇見無法用邏輯和理性領略的事物。偉大的科學才子已用許多不同方式證明這場邂逅確實存在。愛因斯坦喜歡談論他在宇宙隨處可見的奧秘，以及奇異的現實結構。波耳了解詩比邏輯更能掌握所有真實的事物。普朗克說所有物質都建立在有一個有意識、有智慧的「心靈」之中，而這個心靈也將世界和每一個人的命運掌握在他萬能的手裡：

身為畢生投入最敏銳的科學、致力於物質研究的人，我可以告訴你我原子研究的成果，就這句話：沒有物質這種東西！所有物質都是憑藉一種力而產生和存在：那種力使原子的粒子產生振動，並維繫原子這個最微小的太陽系……我們必須假設這種力量的背後有意識和智慧的心靈存在。心靈是所有物質的母體。

宗教和科學都需要對神的信仰。對教徒而言，神是初始，對物理學家來說，神是所有思考的結局。祂對前者而言是基礎，對後者則是集結所有廣義世界觀的雄偉大廈之頂。

神比人類早存在於地球；神以祂永恆的萬能之手掌握整個世界，包括信徒與非信徒；在地球及地球上的一切悉數毀滅的很久以後，神仍居於人類理解不可及的層次——承認這種信仰，以及崇敬、完全信任、受這種信仰鼓舞的人，覺得得到全能者的保護而免受生命危險；只有那些人才算真正的虔誠。

這些科學的奠基者把理性的世界觀拋諸腦後，是通則而非例外。只消看一眼他們較深思熟慮的成果——愛因斯坦、海森堡、薛丁格、路易·德布羅意（Louis de Broglie）[65]、普朗克、波耳、沃夫岡・包立（Wolfgang Pauli）[66]、亞瑟・愛丁頓爵士（Sir Arthur Eddington）[67]、詹姆士・金斯爵士（Sir James Jeans）[68]——這些人全都有神秘的世界觀，因為他們都在自己的研究客體中遭遇解不開的謎團。這絕非意味理據和邏輯無足輕重，但確實意味理性不是人最後的歸宿。人必須堅定地踏上邏輯之路，最後才能超越理性。

▼

偉大的科學家將邏輯——事實的科學論述拋在腦後，像擺脫蒙昧般回到啟蒙時代貶為次要的那種論述：詩意或神秘的論述，發自內心對那些難以言明、一再難倒人類心智的事物展現由衷敬畏的論述。在這裡，我們發現一件有趣的事：科學前進的軌跡在結構上和每一個人類小孩（或至少大部分孩子）轉變為主體的軌跡一模一樣。我將重複我在第五章提過的發展心理學推理，從更寬廣的角度探討這點。

每一個孩子都是在與母親共生共鳴之中開啟生命，那是透過早期的（身體）語言實現。從鏡像階段開始，這種直接的共鳴步向終點。此後，孩子便固執地以合乎邏輯的方式判定哪個詞語指涉哪個對象。他試圖了解的終極對象永遠是「他者」的渴望。「他者」想要什麼？歸根結柢，這股了解他人話語的渴求，源自成為「他者」渴求對象的衝動。這種境況一方面讓孩子開始自我陶醉，另一方面又使孩子陷入依賴和焦慮。執著於詞語意義的結果，剝奪了孩子與人共生的能力；執著於詞語的意義，使詞語失去共鳴的力量，也使聲音再也無法營造它們在生命頭幾個月創造的連結。就這樣，我們看到很

65 譯註：一八九二～一九八七，法國物理學家，一九二九年因發現電子的波動性以及對量子理論的研究，獲頒諾貝爾物理學獎。

66 譯註：一九〇〇～一九五八，奧地利理論物理學家，為量子力學研究的先驅，一九四五年以包立不相容原理獲頒諾貝爾物理學獎。該原理涉及自旋理論，是理解物質結構及化學的基礎。

67 譯註：一八八二～一九四四，英國天體物理學家，自然界密實物體的發光強度極限以其名命名。

68 譯註：一八七七～一九四六，英國物理學家、天文學家、數學家，在量子力學、輻射和恆星演化等領域皆有重要貢獻。

多元素息息相關：狂熱地追求邏輯／理性的理解、自戀、依賴、焦慮、社會孤立。

在大約三歲半，也就是鏡像階段後，孩子的主觀經驗發生了第二場重大革命。他開始了解話語不可能有明確的意義——他開始了解人類的語言有無法解決的欠缺，永遠不可能產生確定性。於是，成為「他者」終極渴望對象的自戀幻想為之撼動，這下子，孩子無可避免面臨自戀宇宙中最根本的恐懼：變成不符「他者」要求而被拋棄的對象。在這個關頭，孩子有兩條路可走：第一條是迴避自戀的恐懼，試著更固執地抓住自戀和（偽）理性來消除不確定性。若走上這條路，孩子將無可避免陷入變本加厲的孤立，進而愈來愈焦慮、愈來愈不安。

第二種可能是孩子在不確定之中找到空間，讓他能以饒富創意的方式賦予生命實質意義，並發展個體性：不再非成為「他者」的對象不可，開拓了做自己、認識自己個性的空間。孩子不再嚮往成為「他者」對象的樂趣，更想要憑藉自己生而為人的個體性被人喜愛——憑他自己做選擇和與他人相處的方式。在這條路上，孩子對語言的非真實、非邏輯用途愈來愈敏感：這種語言用途可以展現個體性和創造力。孩子部分就是靠演練這種用途來重新發現語言的共鳴功能，以及與「他者」的連結。這種語言使用上的彈性——並非每個詞語都必須連上某個特定意義，讓聲音的交流能夠將對話者的某種（邏輯難以捉摸的）個體性傳遞給彼此。就這一點來看，說話從轉移知識的工具，變成主觀真理了。

在這條路上，從各方面來看，孩子將從他是「寶寶陛下」的自戀境況，從覺得「他者」總是在他身邊很正常的孩子，轉變成他人之中的一人。在此轉變過程，他也解放了自己。他不再需要仰賴爸媽就能知道他在每一種新情境可以做什麼、不能做什麼，什麼可被接受、什麼不被接受；他也逐漸明白規範人際關係的概略原則，以及他必須自己證明那些原則到某個地步。在這裡，我們也看到好幾個元素之間的關聯：容忍不確定的能力、對共鳴語言的敏感度、人文主義、個體性、主權、與「他者」的關係等等。

這場革命在每一個孩子身上發生的程度不同，且始終沒有定論。某種意義上，試著在與「他者」的關係中找到屬於自己的空間，就是生命的要素。有些人朝此目標竭盡所能，有些人沒那麼努力，但沒有人逃得過這個與存在有關的任務。人在這個過程進展得愈順利，就擁有愈多能量和創造力。這條路走到最後究竟能實現多少潛力尚不明確，但如我們前一章所討論，心理範疇會對身體產生莫大的影響，就證明這有不凡的可能性。人類的未來就位於這條軌道上，而非機械論──超人類主義的小徑。

▼

科學，以及以科學為基礎的啟蒙社會，已經像每一個孩子面臨存在的根本不確定性和與「他者」的關係變化時那樣，來到十字路口了。做為社會，我們可以閃避焦慮、否認不確定性，也可以違抗我們自戀形成的焦慮，接受不確定性。第一個選擇意味我們要以更（偽）科學的意識形態、虛假的理性、虛假的不確定性和技術控制來尋找解決方案；如此一來，我們最終會變得更焦慮、更憂鬱、更社會孤立。為了因應這種局面，我們會試著更固執地掌控不可掌控的，結果導致更深的絕望。在這本書中，我們已經證明這種惡性循環走到最後便是集體重塑和極權主義，也就是所有人類創造力、個體性、多樣性，以及每一種社會連結的形式都徹底毀滅（徒留個體與國家集體的連結）。今天，我們可以在社會所有層面見到這個過程是如何往極限發展。史上第一次，整個地球村都陷入同樣的集體重塑過程，而世界的「技術化」和「機械化」持續擴大，使無所不在的掌控開始伸入親密和私生活的核心。因此，我們正逼近這個循環的終點：主流意識形態最後一次加足馬力朝它的窮途末路奔去，確切無疑地展現它的無能為力。

若選擇第二條路，社會會反抗焦慮，認清不確定是人類免不了的境況，更是創造力、個體性與人際連結能夠出現的必要條件。在這條路上，社會成為連結性和個別差異相輔相成的空間——不像在極權體制中，集體性會大舉侵犯每個人的個人自由，多樣性消失殆盡，被單調的國家認同取代。偉大的科學已比我們先走上這條路——它跟著理性走到它絕對的極限，在那裡開啟新的視野，見到新的認知形式、與「他者」連結的新方式，以及基於不同原則的人類生存方式。

科學一路來到這裡的旅程，結構上與幼童經歷的過程相仿。年輕的科學一開始也相信透過邏輯推理即可充分了解被研究的客體。事實是有邏輯的——怎麼可能沒有呢？然而，我們在探究現象時愈是進行邏輯分析，就愈清楚地見到一顆本質上沒有邏輯，且不為人類心智理解的核心冒出來。就像孩子一樣，從那一刻起，我們開始察覺所有邏輯的相對性，而對於那些目的不在於被邏輯理解，而在於更親近客體、與客體產生共鳴的語言形式（詩、神秘主義等），我們也更敏感了。

在這本書一開始，我指出機械論世界觀和人類觀的崛起，是在獲取世界知識的層次發生的革命。在宗教的世界觀中，知識是神透露給人知道的。因此，所有知識的源頭都落在人類外面。在機械論的世界觀中，一切都變了：人認為知識的源頭在他自身。他可以透過觀察事實、透過邏輯推理探究事實的相互連結來認識自己。但來到旅途的終點，科學再一次必須納入人類外面的知識（例如可參見本章前面引用的普朗克名言）。

終極知識落在人類的外面。它在萬事萬物之中振動。要接收它，人可以像一條弦那樣調整自身振動來配合事物的頻率。而人愈能撇開偏見和信念，就愈能純然和周遭事物一起振動，接收新的知識。這或可用來詮釋勒內·托姆的這個論點：偉大的科學家不見得擁有卓越的邏輯思考能力，但必然擁有與研究事物共感的不凡本事（請參閱第一章）。

科學只是造就這種共感的方法之一。學習工藝也能培養這種能力。首先，要對製作的物體和作工程序具有邏輯連貫的知識。在你學習實地應用那些知識的同時，你會對工具及物質產生感覺，而那超越了任何邏輯知識。這就是工匠的精髓：唯有透過持久、有紀律的練習才能獲得的感覺——深刻了解他的工藝，情投意合，也就是培養出「職人精神」。這就是僅靠累積理論知識無法成為工匠的原因。

學習藝術也是絕佳的例子。一開始，你學習一套依循邏輯且連貫的規則，多年練習後，你獲得超越那些規則的親密。尤有甚者：規則最後會變成熱氣球的沙袋，必須拋掉才能飛得更高。日本有句俗諺說，藝術的規則只需遵守到能夠突破為止。戶隱流忍術第三十四位大師初見良昭說，他修習武術技巧是為了最後能遺忘之。在勤加練習、訓練和陶冶過身體後，拋開技術比學習技術更困難。但這非常重要。上了戰場還得思索技術的人必死無疑。這位大師也指出，長年修習武術也會使我們明白，武器有自己的意志，你永遠不該奴役之。每一把劍都有它自己的性格，想要以某種方式行動；你要能感覺到它想去哪裡，它才會照你的意思去做。

共感的能力也與我們自己的身體關係密切。我們的身體本質上與我們相異。它會回應各式各樣的刺激——食物、他人、各種情境——而且是在我們渾然不知或非自願下，自動自發地這麼做。我們一輩子都可以學習感受我們的身體，比如透過行動藝術或冥想、密切觀察各種因素對身體的效應（營養、運動等等），或許在精神分析治療期間反覆將我們的身體經驗化為語言也有幫助。只要懂得傾聽身體、學會了解身體語言，就是掌握健康的關鍵。對自己身體的感覺比任何藥物來得重要，也比對於外物，比如健康食品的「客觀」

理性知識來得重要。

同樣地，人也必須明白自己是心理的生物，是主觀經驗、思想、感覺的匯聚，特別是與他人有關的主觀經驗、思想和感覺。能夠感知自身經驗、化為語言、並且表達那種經驗與其他經驗的關係，這種能力構成了我們以人類之姿存在的核心。一如我在第三章討論過的，當我們能透過完整的語言向他人傳達我們的個體性，我們就是以人類的身分存在——透過那樣的言語，我們生而為人的某種內涵得以共振、共鳴。正是透過充分言語的藝術——這是需要學習的藝術，例如在精神分析療法中習得——我們得以實現與他人和周遭世界真正的連結（且不會因此失去自我）。

也是透過這種藝術，生而為人，以及更廣大的社會文化，我們可以用不一樣的方式理解死亡。在機械論和生物還原論對人的觀念中，受苦、衰敗、死亡純粹毫無意義；它們沒什麼好說，也沒什麼可以教導身為人類的我們。這或許就是偉大機械論敘事最大的問題：塵世的最後一位大師——死亡，並未在其中獲得可接受的角色。而他不喜歡這樣。故事禁止他進入，他便嚇唬我們，對每一項威脅，恐怖主義也好，病毒也好，製造狂亂的反應，而最後那些反應招致的災情，比問題本身更嚴重。我們的文化不大可能透過相信新的偉大敘事來賦予死亡新的地位，而是要透過培養完整說話的藝術，透過與物體產生聯繫。與「他者」和世界的連結，與更廣大整體的共鳴，去除了自我的狹隘限制。確實如此：我們與外界的連結愈緊密，就愈能更超越自身的限制，而我們的種種經驗也將拓展為在時空中無盡延伸的存在。透過與更大的曠野共鳴，我們就像在生命永存的空氣中沙沙作響的蘆葦，參與了宇宙的永恆。

▼

在事物的中心，有個東西永遠無法在邏輯範疇裡明確地捕捉，因此必須一再重述。每一次將它化為話語的嘗試都是短暫的；每一次新的邂逅都會帶來新的話語，直接從與客體接觸誕生的話語。「Le vrai est toujours neuf（真話永遠是新的）」，馬克斯．雅各說。與客體的邂逅產生了真話——不斷更新的說話方式，其主要特色不是邏輯正確，而是和客體的內涵嶄新而真誠地共鳴。詩，有時從邏輯觀點荒誕不經，卻可能比嚴格遵守三段論（syllogism）[69]的論述乘載更多真話。

真話實已成為不合時宜的概念——聽起來好老派。法國哲學家米歇爾．傅柯（Michel Foucault）在《說真話的勇氣》（*The Courage of Truth*）一書中有趣地區分了修辭和真話。使用修辭的人是試著在他人身上喚起他自己並不認同的想法或信念。只說真話的人則相反。他真摯地試著透過話語向「他者」傳達他內心的想法或經驗；他試著讓他自身的某種感覺在「他者」心中產生共鳴。

近幾個世紀，特別是這幾十年以來，公眾領域逐漸充斥修辭。我們已經習慣政客滿口辭令了。沒有人指望政客會在公職任期內試著實現他們的競選

69 譯註：邏輯學上單一論證的完整結構形式，由大前提、小前提和結論等三個部分組成。

諾言。長久以來，民眾已經接受這點：政客的選舉論述只作說服之用。其實商業廣告亦如是。只有笨蛋才會相信廣告商品的圖片與實物一致。另外，在新冠病毒危機期間，我們知道那些自命為科學家的人也沒什麼不一樣。他們今天說的話，保證明天會收回。

社會必須面對的徹底轉向與革命是甩掉修辭，堅決地以真話為指導原則。傅柯區分了四種說真話的形式：預言、明智（wisdom）、技藝（techne）、直言（parrhesia）。這四種形式，每一種都跟能與客體產生共鳴、讓那種共鳴在真誠的言語中回響，並轉移給他人的能力有關。「預言」是能夠預測未來，那並非出自邏輯理解，而是如偉大的法國數學、哲學家亨利．龐加萊所言，來自有能力感知哪些故事掌握了現實。「明智」是能夠保持沉默，讓「他者」聽到他自己說話。「技藝」是把話說得正確，產生邏輯—事實的論述、適切反映指涉客體的結構。最後，「直言」指勇於公開表達突破社會謬論的話語。我們如何重新評估說真話的現象，將成為衡量革命進展的絕佳指標，而要克服啟蒙傳統固有的極權主義傾向，這場革命刻不容緩。

最後，我們可以問自己：放棄理性做為理想，不危險嗎？這個問題著實使我深思了一會兒——由於這個主題相當嚴肅，我不是隨便想想。每天都有三萬五千名孩童死於飢餓。這點為什麼不會惹惱群眾，病毒卻會？依照我們理性的人道觀念，我們為什麼不以遠低於拯救新冠危險族群的代價，拯救這些年輕、飢餓的生命——既不會有喪失公民自由的風險，也不會冒著和實驗性醫學干預有關的危險？沒有人為世界另一邊瀕死的兒童恐慌。這是我們不願面對的真相。啟蒙運動的理性和人道精神在很多方面是假面，是遮羞布。讓人卸下面具，你會望入無理性的眼；在這塊理性的遮羞布後面，你會見到古老的人類之惡。

理性的世界觀不會防止我們逕行不理性的思考。相反地，那只會妨礙我們認清不理性。因此，不理性仍會占據怪誕的比率。反觀知道本身智力有限的人，通常會比較不傲慢、比較仁慈，且較能容忍對方與自己不同。當他的智力不再叫囂，他就能聽到生命的各種事物低聲細訴自己的故事。他幡然領悟，原來他也有資格訴說自己的故事。明白沒有邏輯是絕對的，是精神自由的先決條件。邏輯的缺口會名副其實地為我們自己的風格和創造的渴望開啟空間。「創作的時候，我也變健康了」——歌德這麼描述他對抗人生這種病痛的良藥。或許，這對抗病毒也有效？

無論如何，這種療法確保我們可以尊重言論自由、尊重個人自決的權利，而不會覺得受彼此威脅。那也具有緩和焦慮、不適、挫折、侵略性的可能，而不需要與誰為敵。來到這裡，我們不再需要在人群中迷失自己，就能感受意義和連結；來到這裡，極權主義的冬日已然退去，生命的新春來臨。

致謝

我們不能用話語描述話語是打哪兒來的，但我們確實知道話語要往哪裡去——它們一直在往「另一個人」的路上。話語的旅程得通過人類這條狹窄的通道，才能從源頭抵達「他者」。

在這本書找到定位的話語都在塗鴉和筆記中沉潛多年。是新冠病毒危機驅使我將它們公諸於世。在這場危機期間，那些話語渴望的「他者」出現了。我要感謝所有願意敞開心胸，聽我在社論、Podcast 和專訪中說話的人。正是他們身為人類的回應——我經由社群媒體、email 或信件接獲的回應——讓那些話語得以在我體內開花結果，並帶給我繼續說話、把我的想法寫成文字的渴望。

我想要感謝許多提供論壇讓我暢所欲言的人。特別感謝 Marlies Dekkers

和 Ad Verbrugge。另外，De Nieuwe Wereld 錄音室的感覺好熟悉，在錄音後大家一起喝杯小酒的感覺，好像回家一樣。我寫這本書的境況讓說話和書寫成了需謹慎斟酌的事情——必須在強大的社會抗拒氛圍中進行。我想要感謝跟我分享類似經驗的人，感謝你們意外走入我的生命，與我結為莫逆。你們為數眾多，恕無法一一列舉，但你們每一個人都知道，我寫這段話的時候，心裡是想著你們的。你們永遠在我的心中、我的腦海占據特別的位置。

二〇二一年八月，我真的拿起筆，開始寫這本書的草稿。我嚴格遵守出版人 Nancy Derboven 事先幫我排好的進度——謝謝妳！同樣地，我想要感謝 Margo Baldwin 對這本書的熱忱。還有 Els Vanbrabant 和 Brianne Goodspeed：謝謝你們堅定不移地為這本書實現高品質的英文譯本。特別感謝 Robert Malone 博士致力讓我的作品獲得盎格魯薩克遜世界的青睞——Robert，很榮幸在西班牙遇見你，希望未來能再相遇！

我是從我的科學期刊、社論和論文集結許多關於極權主義的想法和沉思，融合成這本書的書稿。我想感謝多位在寫作過程讀過各章草稿並給予評論的人士：Debora Desmet、Liesje Breyne、Nathalie De Neef、Steven Wouters 和 Tineke De Cock。沒有你們讓我徵詢意見，草稿就永遠不可能成熟。Debora，我最小的妹妹，謝謝妳讓我重新思考動詞時態，並一再提醒我尼采的書寫十誡；Liesje，妳永遠能在詞語打死結時找到更簡單的表達方式；Nathalie，多虧妳逗趣的評論，和適度、穩健的建議，我才能待在正確的軌道上；Steven，謝謝你提供給我更多重要的參考資料和修正意見；Tineke，謝謝妳批判性地質疑每一個句子到最後一個字母，並不假辭色地要求邏輯清晰，而把書稿提升到更高的境界。最後，謝謝 Valerie ——謝謝妳出力校對，但最重要的是，謝謝妳忍受我在本書誕生前一連心不在焉、廢寢忘食了好幾個月，謝謝妳總是願意傾聽我無窮無盡天馬行空的念頭。

馬蒂亞斯．戴斯梅

二〇二一年十一月

於比利時梅海姆

國家圖書館出版品預行編目資料

為什麼我們甘願放棄自由？：洞悉人性弱點的極權心理學 / 馬蒂亞斯・戴斯梅(Mattias Desmet) 著；洪世民 譯. -- 初版. -- 臺北市：平安文化有限公司, 2025.4
面；公分. -- (平安叢書；第840種)(我思；27)
譯自：De psychologie van totalitarisme

ISBN 978-626-7650-26-4 (平裝)

1.CST: 極權政治 2.CST: 心理學

571.76　　114003531

平安叢書第840種

我思 27

爲什麼我們甘願放棄自由？

洞悉人性弱點的極權心理學

De psychologie van totalitarisme

作　　者—馬蒂亞斯・戴斯梅
譯　　者—洪世民
發 行 人—平　雲
出版發行—平安文化有限公司
臺北市敦化北路120巷50號
電話◎02-27168888
郵撥帳號◎18420815號
皇冠出版社(香港)有限公司
香港銅鑼灣道180號百樂商業中心
19字樓1903室
電話◎2529-1778　傳真◎2527-0904
總 編 輯—許婷婷
副總編輯—平　靜
責任編輯—陳思宇
美術設計—張巖、李偉涵
行銷企劃—鄭雅方
著作完成日期—2022年
初版一刷日期—2025年4月

法律顧問—王惠光律師

讀者服務傳真專線◎02-27150507
電腦編號◎576027
ISBN◎978-626-7650-26-4
Printed in Taiwan
本書定價◎新臺幣420元/港幣140元

由於全書註解繁多，
完整註解請參照網站